MOL AN ÓIGE 3

Punann agus Leabhar Gníomhaíochta

Caitríona Ní Shúilleabháin & Triona Geraghty

GILL EDUCATION

D1438363

Gill Education
Ascaill Hume
An Pháirc Thiar
Baile Átha Cliath 12
www.gilleducation.ie

Is inphrionta é Gill Education de chuid M.H. Gill & Co.

ISBN: 978-0-7171-80356

Eagarthóirí: Donna Garvin agus Caitríona Clarke

Dearadh: Design Image

Léaráidí: Derry Dillon, Steph Dix, Aisling Fitzgerald agus Kate Shannon

Agus an leabhar seo á chur i gcló, bhí gach seoladh idirlín beo agus bhí eolas cuí ar fáil ar na suíomhanna a bhain le topaicí an leabhair. Ní ghlacann Gill Education freagracht as ábhar ná tuairimí a léirítear ar na suíomhanna idirlín seo. Is féidir athrú teacht ar ábhar, ar thuairimí agus ar sheoltaí, agus níl smacht ag an bhfoilsitheoir ná ag na húdair air sin. Ba cheart stiúrthóireacht a dhéanamh ar scoláirí agus iad ag breathnú ar shuíomhanna idirlín.

Gabhann na húdair agus an foilsitheoir buíochas leis na daoine a leanas as cead a thabhairt grianghraif a fhoilsiú:
© Alamy: vBR, vTL, 25; © Barry Cronin Grianghrafadóir: 155; © INPHO: ivTR, ivBL; Le caoinchead ó Raidió na Gaeltachta: ivL; Le caoinchead ó Raidió Rí-Rá: ivR.

Rinne na húdair agus na foilsitheoirí a ndícheall sealbhóirí cóipchirt a aimsiú. Má fágadh duine ar bith ar lár de thaisme beimid sásta na socruithe cuí a dhéanamh chomh luath is a bhíonn an deis sin ann.

Tháinig an páipéar a úsáideadh sa leabhar seo ó fhoraoisí rialaithe. In aghaidh gach crainn a leagtar, cuirtear ar a laghad ceann amháin eile, rud a chinntíonn athnuachan na hacmhainne nádúrtha seo.

Clár

Cén fáth a theastaíonn uait Gaeilge a fhoghlaim?

2. An dóigh leat go bhfuil an Ghaeilge tábhachtach mar chuid dár gcultúr agus dár n–oidhreacht?

1. An maith leat fuaim na teanga?

3. An bhféachann tú ar TG4? An maith leat TG4 mar chainéal teilifíse?

4. An éisteann tú le Raidió na Gaeltachta, Raidió Rí-Rá nó clár as Gaeilge ar an raidió?

An imríonn tú spórt Gaelach?

An maith leat rince Gaelach nó seónna ar nós *Riverdance*?

An maith leat an cultúr Gaelach?

An seinneann tú ceol traidisiúnta nó an maith leat ceol traidisiúnta?

An bhfuil Gaeilge ag aon laoch spóirt, láithreoir nó réalt ceoil a bhfuil meas agat air/uirthi?

Scríobh isteach na fáthanna a dtaitníonn Gaeilge leat thíos.

Taitníonn uaim Gaeilge a fhoghlaim mar

Mol an Óige 3 Punann agus Leabhar Gníomhaíochta: Siombailí

Tabharfaidh tú na siombailí seo faoi deara tríd síos sa leabhar *Mol an Óige 3 Punann agus Leabhar Gníomhaíochta.*

 Measúnú chun Foghlama (Gníomhaíochtaí a bhfuil critéir ratha, plé sa rang, féinmheasúnú nó piarmheasúnú i gceist leo). Baineann measúnú múnlaitheach an mhúinteora le McF freisin ar ndóigh.

 Obair ealaíne

 Cleachtadh scríofa

 Obair dhigiteach

 Eochairnathanna

 Cuardach foclóra

 Obair ghrúpa

 Dlúthdhiosca

 Obair bheirte

 Nóta

 Obair bhaile/Obair aonair

Siombailí eile

Téann siombail faoi leith le gach céim sna haonaid ar fad sa leabhar.

 Céim 1: An Cultúr agus an Litríocht

 Céim 5: An Ghramadach

 Céim 2: Éisteacht, Féachaint, Cur i láthair agus Scríobh

 Céim 6: An Cheapadóireacht

 Céim 3: An Chluastuiscint

 Céim 7: Súil Siar

 Céim 4: An Léamhthuiscint

CÉIM 1: FEASACHT CHULTÚRTHA – AN CULTÚR AGUS AN LITRÍOCHT

1.1 Obair ealaíne

Feicfidh tú ceithre cinn de bhoscaí thíos. Tarraing pictiúr i ngach ceann de na boscaí de na híomhánna a shamhlaíonn tú agus tú ag léamh an chéad cheithre véarsa den dán 'Jeaic ar Scoil'.

1

2

3

4

1.2 Obair bhaile: Cleachtadh scríofa

Déan achoimre ar scéal an dáin i d'fhocail féin sa spás thíos.

1.3 ✏️ **Cleachtadh scríofa**

Feicfidh tú léaráid thíos. Déan achoimre sna boscaí ar phríomhthéamaí an dáin mar a fheiceann tusa iad.

1.4 👤 **Obair bhaile**

Déan cur síos ar chuimhne dheas amháin atá agat ó do chuid laethanta féin sa bhunscoil.

Cleachtadh scríofa

Scríobh leathanach nó mar sin ar na fáthanna a dtaitníonn nó nach dtaitníonn an dán 'Jeaic ar Scoil' leat. Ansin líon isteach an leathanach féinmheasúnaithe a ghabhann leis.

Leathanach féinmheasúnaithe

Ainm na scoile:	Ainm an dalta:
Teideal an phíosa:	An dáta:

<table>
<tr><td>Seánra:</td><td>☐ D'oibrigh mé i m'aonar.
☐ D'oibrigh mé i ngrúpa le (ainmneacha na ndaltaí eile) …</td></tr>
</table>

(Obair aonair) Rudaí a d'fhoghlaim mé nuair a bhí mé ag déanamh staidéir ar an dán seo:

Dhá rud a bhí inmholta faoi mo chuid oibre ar an dán:

Rud a bhféadfainn feabhas a chur air – an bhfuil aon rud ann a dhéanfainn ar shlí dhifriúil an chéad uair eile?

An dalta:	An múinteoir:	An dáta:

CÉIM 2: CUMAS CUMARSÁIDE – ÉISTEACHT, FÉACHAINT, CUR I LÁTHAIR AGUS SCRÍOBH

Cur i láthair/Obair dhigiteach

1. Bain úsáid as na nótaí i gCéim 2, Aonad 1 agus as www.focloir.ie.
   Scríobh cuntas gearr ar do scoil agus ainmnigh na hábhair a ndéanann tú staidéar orthu.
2. Déan an obair a thaifeadadh ar d'fhón póca nó ar cheamara agus bí cinnte go sábhálann tú an obair sin chun í a chur i láthair an mhúinteora nó an ranga.
3. Scríobh an leagan ceartaithe den chur i láthair thíos.
4. Ansin, comhlánaigh an leathanach féinmheasúnaithe thíos.

Seánra: Cur i láthair	Teideal: Mo scoil

Leagan ceartaithe an tsaothair:

Leathanach féinmheasúnaithe

Ainm na scoile:	Ainm an dalta:
Teideal an phíosa:	An dáta:
	Seánra:

Rudaí a d'fhoghlaim mé nuair a bhí mé i mbun na hoibre scríofa don chur i láthair:

Rudaí a d'fhoghlaim mé nuair a bhí mé i mbun chur i láthair os comhair an ranga/ghrúpa bhig:

Dhá rud a bhí inmholta maidir le mo chur i láthair ó bhéal:

Dhá rud a bhí inmholta maidir le mo chuid oibre scríofa don chur i láthair:

Rud a d'fhéadfainn feabhas a chur air – an bhfuil aon rud a dhéanfainn ar shlí dhifriúil an chéad uair eile?

An dalta:	An múinteoir:	An dáta:

1.7 🎨 **Obair ealaíne**

Déan d'éide scoile idéalach a dhearadh agus déan cur síos ar na baill éadaigh ar fad.

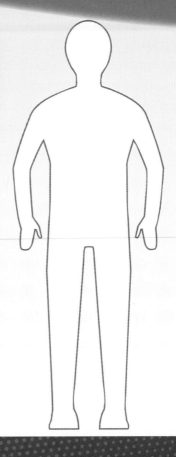

1.8 👤 **Obair bhaile**

Scríobh liosta de na rudaí a thaitníonn leat agus na rudaí nach dtaitníonn leat faoin scoil.

Na rudaí a thaitníonn liom faoi mo scoil	Na rudaí nach dtaitníonn liom faoi mo scoil

1.9 👥 Obair bheirte

Is ailtire thú. Tarraing léarscáil den scoil idéalach – an foirgneamh, na páirceanna, an clós, na háiseanna spóirt agus mar sin de. Ansin, déan an obair a roinnt le do chara sa rang. An bhfuil mórán difríochtaí idir do scoil féin agus scoil do charad?

1.10 👥 **Obair bheirte**

Tuairisc Scoile

Scoil: _____

Ainm: _____

Rang: _____

Ábhar Conas a d'éirigh leis/léi?	Ráiteas an mhúinteora	Síniú an mhúinteora

1.11 Obair bheirte: Cleachtadh cainte agus scríofa

Freagair na ceisteanna seo a leanas ó bhéal leis an dalta atá in aice leat agus i bhfoirm scríofa.

1. Inis dom beagáinín faoi do scoil.

2. Déan cur síos ar na háiseanna atá i do scoil. Cad iad na háiseanna is mó a usáideann tú?

3. Cé mhéad ábhar atá idir lámha agat?

4. Cad é an t-ábhar is fearr leat agus cén fáth?

5. An bhfuil aon ábhar ann nach maith leat? Cén fáth?

6. An gcaitheann tú éide scoile?

_____

_____

_____

_____

7. Déan cur síos ar d'éide scoile.

_____

_____

_____

_____

8. Cad é an rud is fearr leat faoi do scoil?

_____

_____

_____

_____

9. An bhfuil aon rud ann nach maith leat faoin scoil?

_____

_____

_____

_____

10. Déan cur síos ar do ghnáthlá scoile.

_____

_____

_____

_____

Féinfheasacht an fhoghlaimeora

1. Iarradh ort óráid a thabhairt do na daltaí a thosóidh i do scoil i mí Mheán Fómhair seo chugainn. Scríobh an leagan ceartaithe den óráid thíos.

2. Ansin, comhlánaigh an leathanach féinmheasúnaithe a ghabhann leis.

Leathanach féinmheasúnaithe

Ainm na scoile:	Ainm an dalta:
Teideal an phíosa:	An dáta:
	Seánra:

Rudaí a d'fhoghlaim mé nuair a bhí mé i mbun na hoibre scríofa don óráid:

Rudaí a d'fhoghlaim mé nuair a bhí mé i mbun chur i láthair os comhair an ranga/ghrúpa bhig:

Dhá rud a bhí inmholta faoi mo chuid oibre scríofa don óráid:

Rud a bhféadfainn feabhas a chur air – an bhfuil aon rud ann a dhéanfainn ar shlí dhifriúil an chéad uair eile?

An dalta:	An múinteoir:	An dáta:

CÉIM 3: CUMAS CUMARSÁIDE – AN CHLUASTUISCINT

1.13 Féinfheasacht an fhoghlaimeora

10 bhfocal/nath cainte a d'fhoghlaim mé ó na míreanna cluastuisceana ar fad in Aonad 1:

1. _____
2. _____
3. _____
4. _____
5. _____

6. _____
7. _____
8. _____
9. _____
10. _____

CÉIM 4: CUMAS CUMARSÁIDE – AN LÉAMHTHUISCINT

1.14 Féinfheasacht an fhoghlaimeora

10 bhfocal/nath cainte a d'fhoghlaim mé ón léamhthuiscint *The School Around the Corner*:

1. _____
2. _____
3. _____
4. _____
5. _____

6. _____
7. _____
8. _____
9. _____
10. _____

1.15 Féinfheasacht an fhoghlaimeora

10 bhfocal/nath cainte a d'fhoghlaim mé ón léamhthuiscint 'An Córas Oideachais sa tSín':

1. _____
2. _____
3. _____
4. _____
5. _____

6. _____
7. _____
8. _____
9. _____
10. _____

CÉIM 5: FEASACHT TEANGA – AN GHRAMADACH

1.16 Achoimre ar an ngramadach

Scríobh na rialacha a bhaineann leis na briathra rialta san aimsir láithreach sa tábla thíos.

Mar shampla: An chéad réimniú Caithim

Féinfheasacht an fhoghlaimeora

Cad iad na dúshláin a bhí agam leis an aimsir láithreach?

1. Tá mé sásta

   _____.

2. Ba mhaith liom feabhas a chur ar/athbhreithniú a dhéanamh ar

   _____

CÉIM 6: CUMAS CUMARSÁIDE – AN CHEAPADÓIREACHT

Féinfheasacht an fhoghlaimeora

1. Scríobh an leagan ceartaithe de cheann amháin de na cleachtaí scríofa a rinne tú i do chóipleabhar.

2. Ansin, comhlánaigh an leathanach féinmheasúnaithe a ghabhann leis thíos.

Seánra:	Teideal an tsaothair:

Leagan ceartaithe an tsaothair:

Leathanach féinmheasúnaithe

Ainm na scoile:	Ainm an dalta:
Teideal an phíosa: ☐ D'oibrigh mé i m'aonar. ☐ D'oibrigh mé i ngrúpa le (ainmneacha na ndaltaí eile) …	An dáta:
	Seánra:

(Obair aonair) Rudaí a d'fhoghlaim mé nuair a bhí mé i mbun na hoibre seo: / (Obair ghrúpa) Rudaí a d'fhoghlaim mé ó na daltaí eile nuair a bhíomar i mbun na hoibre seo:

Dhá rud a bhí inmholta faoi mo phíosa oibre/obair an ranga/an ghrúpa bhig:

Rud a bhféadfainn feabhas a chur air – an bhfuil aon rud ann a dhéanfainn ar shlí dhifriúil an chéad uair eile?

An dalta:	An múinteoir:	An dáta:

Féinfheasacht an fhoghlaimeora

1. Scríobh an leagan ceartaithe de cheann amháin eile de na cleachtaí scríofa a rinne tú i do chóipleabhar.

2. Comhlánaigh an leathanach féinmheasúnaithe a ghabhann leis thíos.

3. Ansin, léigh ceann de na giotaí scríofa a scríobh do chara sa rang agus líon isteach an ghreille thíos.

Seánra:	Teideal an tsaothair:

Leagan ceartaithe an tsaothair:

Leathanach féinmheasúnaithe

Ainm na scoile:	Ainm an dalta:
Teideal an phíosa:	An dáta:

☐ D'oibrigh mé i m'aonar.	Seánra:
☐ D'oibrigh mé i ngrúpa le (ainmneacha na ndaltaí eile) ...	

(Obair aonair) Rudaí a d'fhoghlaim mé nuair a bhí mé i mbun na hoibre seo: / (Obair ghrúpa) Rudaí a d'fhoghlaim mé ó na daltaí eile nuair a bhíomar i mbun na hoibre seo:

Dhá rud a bhí inmholta faoi mo phíosa oibre:

Rud a bhféadfainn feabhas a chur air – an bhfuil aon rud ann a dhéanfainn ar shlí dhifriúil an chéad uair eile?

An dalta:	An múinteoir:	An dáta:

Leathanach piarmheasúnaithe

1. Thaitin _____

   _____ go mór liom/linn.

2. Chuir _____

   _____ ionadh orm/orainn.

3. Cheap mé/Cheapamar gurbh é an rud ab fhearr faoin scéal ná _____

   _____ .

4. Ceapaim/Ceapaimid gurbh fhéidir leat/libh feabhas a chur _____

   _____ .

CÉIM 7: SÚIL SIAR AR AONAD 3

Measúnú rangbhunaithe

Scríobh an leagan ceartaithe den mheasúnú rangbhunaithe ('Stair na scoile') anseo.
Ansin, comhlánaigh an leathanach féinmheasúnaithe a ghabhann leis.

Leathanach féinmheasúnaithe

Ainm na scoile:	Ainm an dalta:
Teideal an phíosa:	An dáta:
	Seánra:

Rudaí a d'fhoghlaim mé nuair a bhí mé i mbun na hoibre scríofa don mheasúnú rangbhunaithe:

Rudaí a d'fhoghlaim mé nuair a bhí mé i mbun chur i láthair os comhair an ranga/ghrúpa bhig:

Dhá rud a bhí inmholta faoi mo chuid oibre scríofa don mheasúnú rangbhunaithe:

Dhá rud a bhí inmholta faoin measúnú rangbhunaithe a rinne mé:

Rud a bhféadfainn feabhas a chur air – an bhfuil aon rud ann a dhéanfainn ar shlí dhifriúil an chéad uair eile?

An dalta:	An múinteoir:	An dáta:

Féinfheasacht an fhoghlaimeora: Féinmheasúnú

Cé chomh sásta is atá tú ag deireadh Aonad 1 go bhfuil tú in ann rudaí a thuiscint, a chur i láthair agus a scríobh ar ábhar na scoile? Cuir tic sa bhosca cuí.

1. Tá mé sásta _____
_____
_____
_____
_____ .

2. Ba mhaith liom feabhas a chur ar/athbhreithniú a dhéanamh ar _____
_____
_____
_____
_____
_____ .

CÉIM 1: FEASACHT CHULTÚRTHA – AN CULTÚR AGUS AN LITRÍOCHT

2.1 **Measúnú rangbhunaithe: Pádraig Mac Piarais**

Déan measúnú rangbhunaithe ar shaol Phádraig Mhic Phiarais. Scríobh leathanach mar gheall ar a shaol mar mhúinteoir, gníomhaí teanga, file, scríbhneoir agus réabhlóidí.

2.2

Cuardach foclóra

Cuir Gaeilge ar na focail thíos. Is féidir na focail a aimsiú ar leathanaigh 46–50 i do théacsleabhar.

Liosta eocharfhocal

1. personification _____
2. glory _____
3. sold _____
4. hero _____
5. mythology _____
6. proud _____
7. the Beara Peninsula _____
8. leaders _____
9. freedom _____
10. legend _____
11. goddess _____
12. patriotism _____
13. hardship/dilemma _____
14. deserted _____
15. trust _____
16. a lonely old woman _____
17. repetition _____
18. images _____
19. metaphors _____
20. rhyme _____

2.3 Obair ealaíne

Tarraing íomhá/pictiúr amháin ón dán a thaitin leat.

2.4 Athshúil ar an amhrán

Líon isteach an T-chairt thíos faoi na cinnteidil atá luaite air.

Téama	Mothúcháin

Íomhá amháin a thaitin liom
ón amhrán

2.5 **Cleachtadh scríofa**

Freagair na ceisteanna seo.

1. Ar thaitin an dán seo leat? Scríobh cuntas faoi na gnéithe den dán a thaitin/nár thaitin leat. Mar chabhair duit smaoinigh ar na gnéithe seo a leanas.

   - Ar thaitin scéal an dáin leat?
   - Ar thaitin na teicnící fileata sa dán leat?
   - Ar thaitin na tagairtí do mhiotaseolaíocht na Gaeilge leat?

   _____

   _____

   _____

   _____

   _____

2. Scríobh nóta ar théama an dáin.

   _____

   _____

   _____

   _____

   _____

3. Scríobh nóta ar na teicnící fileata atá le feiceáil sa dán.

   _____

   _____

   _____

   _____

4. Scríobh nóta ar na tagairtí don mhiotaseolaíocht atá le feiceáil sa dán.

   _____

   _____

   _____

   _____

CÉIM 2: CUMAS CUMARSÁIDE – ÉISTEACHT, FÉACHAINT, CUR I LÁTHAIR AGUS SCRÍOBH

2.6 Na contaetha

Líon isteach na contaetha ar fad ar an léarscáil thíos.

Téigh chuig leathanach 55 i do théacsleabhar chun cabhair a fháil más gá.

2.7 Obair ealaíne

Tarraing léarscáil sa bhosca thíos de do cheantar. Más áit an-bheag í gan mórán áiseanna inti, déan léarscáil den bhaile mór nó den chathair is cóngaraí duit. Ná déan dearmad na focail Ghaeilge ar fad a scríobh ar an léarscáil, mar shampla, ionad siopadóireachta.

Ainm an bhaile/na cathrach:_____

Cur i láthair/Obair dhigiteach

1. Bain úsáid as na nótaí i gCéim 2, Aonad 2 agus as www.focloir.ie. Scríobh cuntas gearr ar do cheantar.

2. Déan an obair a thaifeadadh ar d'fhón póca nó ar cheamara agus bí cinnte go sábhálann tú an obair sin chun í a chur i láthair an mhúinteora nó an ranga.

3. Scríobh an leagan ceartaithe den chur i láthair thíos.

4. Ansin, comhlánaigh an leathanach féinmheasúnaithe thíos.

Seánra: Cur i láthair	Teideal: Mo cheantar

Leathanach féinmheasúnaithe

Ainm na scoile:	Ainm an dalta:
Teideal an phíosa:	An dáta:
	Seánra:

Rudaí a d'fhoghlaim mé nuair a bhí mé i mbun na hoibre scríofa don chur i láthair:

Rudaí a d'fhoghlaim mé nuair a bhí mé i mbun chur i láthair os comhair an ranga/ghrúpa bhig:

Dhá rud a bhí inmholta faoi mo chur i láthair ó bhéal:

Dhá rud a bhí inmholta faoi mo chuid oibre scríofa don chur i láthair:

Rud a bhféadfainn feabhas a chur air – an bhfuil aon rud ann a dhéanfainn ar shlí dhifriúil an chéad uair eile?

An dalta:	An múinteoir:	An dáta:

Cur i láthair/Obair dhigiteach

1. Scríobh cuntas ar do theach bunaithe ar na nótaí in Aonad 2 den téacsleabhar.
2. Déan an obair a thaifeadadh ar d'fhón póca nó ar cheamara agus bí cinnte go sábhálann tú an obair sin chun í a chur i láthair an mhúinteora nó an ranga.
3. Scríobh an leagan ceartaithe den chur i láthair thíos.
4. Ansin, comhlánaigh an leathanach féinmheasúnaithe thíos.

Leathanach féinmheasúnaithe

Ainm na scoile:	Ainm an dalta:
Teideal an phíosa:	An dáta:
	Seánra:

Rudaí a d'fhoghlaim mé nuair a bhí mé i mbun na hoibre scríofa don chur i láthair:

Rudaí a d'fhoghlaim mé nuair a bhí mé i mbun chur i láthair os comhair an ranga/ghrúpa bhig:

Dhá rud a bhí inmholta faoi mo chuid oibre scríofa don chur i láthair:

Dhá rud a bhí inmholta faoi mo chur i láthair ó bhéal:

Rud a bhféadfainn feabhas a chur air – an bhfuil aon rud ann a dhéanfainn ar shlí dhifriúil an chéad uair eile?

An dalta:	An múinteoir:	An dáta:

2.10 Obair bheirte: Cleachtadh cainte agus scríofa

Freagair na ceisteanna seo a leanas ó bhéal leis an dalta atá in aice leat agus i bhfoirm scríofa.

1. Cad é do sheoladh baile?

   Ta me i mo chonaí nDriom Coin

2. Inis dom faoi do cheantar.

   ta me cheantar ciúih agus suaimneach

3. An maith leat do cheantar? Cén fáth?

   Is caiohinn liom mo chanthear.

4. Cad iad na háiseanna atá i do cheantar do dhaoine óga?

5. An mbíonn fadhbanna ann i do cheantar? Cén sórt fadhbanna a bhíonn ann?

6. Cén sórt tí atá agaibh?

Is teach dhá scéal é mo theach.

P67
F62

7. Cá bhfuil an teach suite?

Tá mo theach ar thaobh na tíre.

8. An maith leat do theach? Cad é an rud is fearr leat faoi?

Tá mo Sheomra leapa féin agam. an rud is fearr liom faoi ná gur ceantar ciúin é.

9. An ndéanann tú aon obair sa teach? Cén obair a dhéanann tú?

10. Déan cur síos ar an teach a thaitneodh leat féin nuair a bheifeá féin níos sine agus ag obair.

2.11 Obair ealaíne

Tarraing pictiúr den teach a thaitneodh leat nuair a bheifeá níos sine agus tú ag obair. Is féidir an teach a dhearadh agus ansin é a chur i láthair do do ghrúpa sa rang nó don rang ar fad. Déan cur síos ó bhéal ar an teach do do chairde. Cuir na focail Ghaeilge ar gach seomra sa teach.

Mo theach idéalach!

CÉIM 3: CUMAS CUMARSÁIDE – AN CHLUASTUISCINT

2.12 **Féinfheasacht an fhoghlaimeora**

10 bhfocal/nath cainte a d'fhoghlaim mé ó na míreanna cluastuisceana ar fad in Aonad 2:

1. _____
2. _____
3. _____
4. _____
5. _____

6. _____
7. _____
8. _____
9. _____
10. _____

CÉIM 4: CUMAS CUMARSÁIDE – AN LÉAMHTHUISCINT

2.13 **Féinfheasacht an fhoghlaimeora**

10 bhfocal/nath cainte a d'fhoghlaim mé ón léamhthuiscint 'Na stoirmeacha a bhuail Texas':

1. _____
2. _____
3. _____
4. _____
5. _____

6. _____
7. _____
8. _____
9. _____
10. _____

2.14 **Féinfheasacht an fhoghlaimeora**

10 bhfocal/nath cainte a d'fhoghlaim mé ón léamhthuiscint 'Scéal Reema na Siria':

1. _____
2. _____
3. _____
4. _____
5. _____

6. _____
7. _____
8. _____
9. _____
10. _____

CÉIM 5: FEASACHT TEANGA – AN GHRAMADACH

2.15 ## Achoimre ar an ngramadach

Scríobh na rialacha a bhaineann leis na briathra rialta san aimsir chaite sa tábla thíos.

Mar shampla: An chéad réimniú Chaith mé

Féinfheasacht an fhoghlaimeora

Cad iad na dúshláin a bhí agam leis an aimsir chaite?

1. Tá mé sásta

   _____.

2. Ba mhaith liom feabhas a chur ar/athbhreithniú a dhéanamh ar

   _____.

CÉIM 6: CUMAS CUMARSÁIDE – AN CHEAPADÓIREACHT

Nathanna úsáideacha

Tá 23 cinn de nathanna Gaeilge aibhsithe duit sa bhlag ar leathanach 82 i do théacsleabhar. Cuir an liosta nathanna sa tábla thíos. Aimsigh brí na nathanna san fhoclóir nó ón múinteoir sa rang.

1. mar is eol daoibh faoin am seo

2.

3.

4.

5.

6.

7.

8.

9.

10.

11.

12. _____

13. _____

14. _____

15. _____

16. _____

17. _____

18. _____

19. _____

20. _____

21. _____

22. _____

23. _____

Cleachtadh scríofa

Scríobh alt faoin obair a dhéantar ar son chaomhnú na timpeallachta i do scoil agus i do cheantar féin sa spás thíos.

Féinfheasacht an fhoghlaimeora

1. Scríobh an leagan ceartaithe de cheann amháin de na cleachtaí scríofa a rinne tú i do chóipleabhar.

2. Ansin, comhlánaigh an leathanach féinmheasúnaithe a ghabhann leis thíos.

Seánra:	Teideal an tsaothair:
Leagan ceartaithe an tsaothair:	

Leathanach féinmheasúnaithe

Ainm na scoile:	Ainm an dalta:
Teideal an phíosa:	An dáta:
☐ D'oibrigh mé i m'aonar.	Seánra:
☐ D'oibrigh mé i ngrúpa le (ainmneacha na ndaltaí eile) …	

(Obair aonair) Rudaí a d'fhoghlaim mé nuair a bhí mé i mbun na hoibre seo: / (Obair ghrúpa) Rudaí a d'fhoghlaim mé ó na daltaí eile nuair a bhíomar i mbun na hoibre seo:

Dhá rud a bhí inmholta faoi mo phíosa oibre:

Rud a bhféadfainn feabhas a chur air – an bhfuil aon rud ann a dhéanfainn ar shlí dhifriúil an chéad uair eile?

An dalta:	An múinteoir:	An dáta:

Féinfheasacht an fhoghlaimeora

1. Scríobh an leagan ceartaithe de cheann amháin eile de na cleachtaí scríofa a rinne tú i do chóipleabhar.

2. Comhlánaigh an leathanach féinmheasúnaithe a ghabhann leis thíos.

3. Ansin, léigh ceann de na giotaí scríofa a scríobh do chara sa rang agus líon isteach an ghreille thíos.

Seánra:	Teideal an tsaothair:

Leagan ceartaithe an tsaothair:

Leathanach féinmheasúnaithe

Ainm na scoile:	Ainm an dalta:
Teideal an phíosa:	An dáta:
☐ D'oibrigh mé i m'aonar. ☐ D'oibrigh mé i ngrúpa le (ainmneacha na ndaltaí eile) …	Seánra:

(Obair aonair) Rudaí a d'fhoghlaim mé nuair a bhí mé i mbun na hoibre seo: / (Obair ghrúpa) Rudaí a d'fhoghlaim mé ó na daltaí eile nuair a bhíomar i mbun na hoibre seo:
Dhá rud a bhí inmholta faoi mo phíosa oibre:
Rud a bhféadfainn feabhas a chur air – an bhfuil aon rud ann a dhéanfainn ar shlí dhifriúil an chéad uair eile?

An dalta:	An múinteoir:	An dáta:

Leathanach piarmheasúnaithe

1. Thaitin_____
   _____ go mór liom/linn.

2. Chuir _____
   _____ ionadh orm/orainn.

3. Cheap mé/Cheapamar gurbh é an rud ab fhearr faoin scéal ná _____
   _____.

4. Ceapaim/Ceapaimid gurbh fhéidir libh feabhas a chur_____
   _____.

CÉIM 7: SÚIL SIAR AR AONAD 2

Féinfheasacht an fhoghlaimeora: Féinmheasúnú

Cé chomh sásta is atá tú ag deireadh Aonad 2 go bhfuil tú in ann rudaí a thuiscint agus a chur i láthair ar na hábhair 'mo cheantar, mo theach, cúrsaí sláinte agus an timpeallacht'? Cuir tic sa bhosca cuí.

1. Tá mé sásta _____

_____

_____

_____

_____

_____.

2. Ba mhaith liom feabhas a chur ar/athbhreithniú a dhéanamh ar _____

_____

_____

_____

_____

_____.

CÉIM 1: FEASACHT CHULTÚRTHA – AN CULTÚR AGUS AN LITRÍOCHT

3.1 **Obair ealaíne**

Roghnaigh ceithre íomhá a thaitníonn leat ón dán 'An Grá' agus tarraing na híomhánna sin sa spás thíos. Ansin, mínigh na híomhánna sin do do chara sa rang.

1

2

3

4

3.2 **Cleachtadh scríofa**

Déan achoimre i d'fhocail féin ar phríomhsmaointe an dáin.

Cleachtadh scríofa

Scríobh leathanach nó mar sin ar na fáthanna a dtaitníonn nó nach dtaitníonn an dán 'An Grá' leat. Ansin líon isteach an leathanach féinmheasúnaithe a ghabhann leis.

Leathanach féinmheasúnaithe

Ainm na scoile:	Ainm an dalta:
Teideal an phíosa:	An dáta:

☐ D'oibrigh mé i m'aonar.

☐ D'oibrigh mé i ngrúpa le (ainmneacha na ndaltaí eile) …

Seánra:

(Obair aonair) Rudaí a d'fhoghlaim mé nuair a bhí mé ag déanamh staidéir ar an dán seo:

Dhá rud a bhí inmholta faoi mo chuid oibre ar an dán:

Rud a bhféadfainn feabhas a chur air – an bhfuil aon rud ann a dhéanfainn ar shlí dhifriúil an chéad uair eile?

An dalta: An múinteoir: An dáta:

3.4 🎨 Obair ealaíne

Tarraing pictiúr den íomhá a tháinig isteach in aigne an fhile sa dán 'Maith Dhom', dar leat.

3.5  **Cleachtadh scríofa**

Déan achoimre ar théamaí an dáin 'Maith Dhom' mar a fheiceann tú féin iad.

3.6 **Cleachtadh scríofa**

Cad í an teicníc fhileata is fearr leat féin sa dán? Scríobh síos gach sampla den teicníc sin sa dán agus déan iarracht iad a mhíniú i d'fhocail féin.

Cleachtádh scríofa

Scríobh leathanach nó mar sin ar na fáthanna a dtaitníonn nó nach dtaitníonn an dán 'Maith Dhom' leat. Ansin líon isteach an leathanach féinmheasúnaithe a ghabhann leis.

Leathanach féinmheasúnaithe

Ainm na scoile:	Ainm an dalta:
Teideal an phíosa:	An dáta:

☐ D'oibrigh mé i m'aonar.
☐ D'oibrigh mé i ngrúpa le (ainmneacha na ndaltaí eile) ...

Seánra:

(Obair aonair) Rudaí a d'fhoghlaim mé nuair a bhí mé ag déanamh staidéir ar an dán seo:

Dhá rud a bhí inmholta faoi mo chuid oibre ar an dán:

Rud a bhféadfainn feabhas a chur air – an bhfuil aon rud ann a dhéanfainn ar shlí dhifriúil an chéad uair eile?

An dalta:	An múinteoir:	An dáta:

CÉIM 2: CUMAS CUMARSÁIDE – ÉISTEACHT, FÉACHAINT, CUR I LÁTHAIR AGUS SCRÍOBH

3.8 **Obair aonair**

Déan do chraobh ghinealaigh (*family tree*) a tharraingt le pictiúir sa bhosca thíos.
Tosaigh le 'mé féin, mo dheartháir, mo dheirfiúr …'

3.9 **Athdhéanamh**

Cé mhéad duine atá i gceist thíos? Cuir Gaeilge ar an líon daoine.

1.	
2.	
3.	
4.	
5.	
6.	
7.	
8.	
9.	
10.	

Cur i láthair/Obair dhigiteach

1. Bain úsáid as na nótaí i gCéim 2, Aonad 3 agus as www.focloir.ie. Scríobh cuntas gearr ar do theaghlach féin.

2. Déan an obair a thaifeadadh ar d'fhón póca nó ar cheamara agus bí cinnte go sábhálann tú an obair sin chun í a chur i láthair an mhúinteora nó an ranga.

3. Scríobh an leagan ceartaithe den chur i láthair thíos.

4. Ansin, comhlánaigh an leathanach féinmheasúnaithe thíos.

Seánra: Cur i láthair	Teideal: Mo theaghlach

Leathanach féinmheasúnaithe

Ainm na scoile:	Ainm an dalta:
Teideal an phíosa:	An dáta:
	Seánra:

Rudaí a d'fhoghlaim mé nuair a bhí mé i mbun na hoibre scríofa don chur i láthair:

Rudaí a d'fhoghlaim mé nuair a bhí mé i mbun chur i láthair os comhair an ranga/ghrúpa bhig:

Dhá rud a bhí inmholta faoi mo chur i láthair ó bhéal:

Dhá rud a bhí inmholta faoi mo chuid oibre scríofa don chur i láthair:

Rud a bhféadfainn feabhas a chur air – an bhfuil aon rud ann a dhéanfainn ar shlí dhifriúil an chéad uair eile?

An dalta:	An múinteoir:	An dáta:

Cur i láthair/Obair dhigiteach

1. Bain úsáid as na nótaí i gCéim 2, Aonad 3 agus as www.focloir.ie. Scríobh cuntas gearr ar thábhacht na teicneolaíochta i do shaol.

2. Déan an obair a thaifeadadh ar d'fhón póca nó ar cheamara agus bí cinnte go sábhálann tú an obair sin chun í a chur i láthair an mhúinteora nó an ranga.

3. Scríobh an leagan ceartaithe den chur i láthair thíos.

4. Ansin, comhlánaigh an leathanach féinmheasúnaithe thíos.

Seánra: Cur i láthair	Teideal: Tábhacht na teicneolaíochta i mo shaol

Leathanach féinmheasúnaithe

Ainm na scoile:	Ainm an dalta:
Teideal an phíosa:	An dáta:
	Seánra:

Rudaí a d'fhoghlaim mé nuair a bhí mé i mbun na hoibre scríofa don chur i láthair:

Rudaí a d'fhoghlaim mé nuair a bhí mé i mbun chur i láthair os comhair an ranga/ghrúpa bhig:

Dhá rud a bhí inmholta faoi mo chur i láthair ó bhéal:

Dhá rud a bhí inmholta maidir le mo chuid oibre scríofa don chur i láthair:

Rud a bhféadfainn feabhas a chur air – an bhfuil aon rud ann a dhéanfainn ar shlí dhifriúil an chéad uair eile?

An dalta:	An múinteoir:	An dáta:

Obair bheirte: Cleachtadh cainte agus scríofa

Freagair na ceisteanna seo a leanas ó bhéal leis an dalta atá in aice leat agus i bhfoirm scríofa.

1. An mó duine atá i do theaghlach?

2. Cé hé/hí an duine is óige/is sine?

3. Cén aois iad do chuid deartháireacha agus deirfiúracha?

4. An réitíonn tú go maith leis na daoine atá i do theaghlach?

5. Cad a dhéanann na daoine i do theaghlach?

6. An gcónaíonn aon duine i do theaghlach thar lear?

_____

_____

_____

_____

7. Cé a dhéanann an obair tí i do theaghlach?

_____

_____

_____

_____

8. An bhfuil do thuismitheoirí dian nó an dtugann siad a lán saoirse duit?

_____

_____

_____

_____

9. An gcaitheann tú a lán ama ar d'fhón póca?

_____

_____

_____

_____

10. Céard a dhéanann tú ar d'fhón póca?

_____

_____

_____

_____

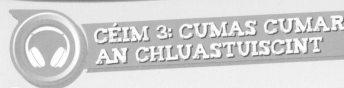

CÉIM 3: CUMAS CUMARSÁIDE – AN CHLUASTUISCINT

3.13 **Féinfheasacht an fhoghlaimeora**

10 bhfocal/nath cainte a d'fhoghlaim mé ó na míreanna cluastuisceana ar fad in Aonad 3:

1. _____
2. _____
3. _____
4. _____
5. _____

6. _____
7. _____
8. _____
9. _____
10. _____

CÉIM 4: CUMAS CUMARSÁIDE – AN LÉAMHTHUISCINT

3.14 **Féinfheasacht an fhoghlaimeora**

10 bhfocal/nath cainte a d'fhoghlaim mé ón léamhthuiscint 'Tuarastail mhóra RTÉ'.

1. _____
2. _____
3. _____
4. _____
5. _____

6. _____
7. _____
8. _____
9. _____
10. _____

CÉIM 5: FEASACHT TEANGA – AN GHRAMADACH

3.15 ## Achoimre ar an ngramadach

Scríobh na rialacha a bhaineann leis na briathra rialta san aimsir fháistineach sa tábla thíos.

Mar shampla: An chéad réimniú Leanfaidh mé

Féinfheasacht an fhoghlaimeora

Cad iad na dúshláin a bhí agam leis an aimsir fháistineach?

1. Tá mé sásta

_____ .

2. Ba mhaith liom feabhas a chur ar/athbhreithniú a dhéanamh ar

_____ .

CÉIM 6: CUMAS CUMARSÁIDE – AN CHEAPADÓIREACHT

Féinfheasacht an fhoghlaimeora

1. Scríobh an leagan ceartaithe de cheann amháin de na cleachtaí scríofa a rinne tú i do chóipleabhar.

2. Ansin, comhlánaigh an leathanach féinmheasúnaithe a ghabhann leis thíos.

Seánra:	Teideal an tsaothair:

Leagan ceartaithe an tsaothair:

_____

_____

_____

_____

_____

_____

_____

_____

_____

_____

_____

_____

_____

_____

_____

_____

_____

_____

_____

_____

_____

_____

_____

_____

_____

_____

Leathanach féinmheasúnaithe

Ainm na scoile:	Ainm an dalta:
Teideal an phíosa:	An dáta:

Teideal an phíosa:	Seánra:

☐ D'oibrigh mé i m'aonar.

☐ D'oibrigh mé i ngrúpa le (ainmneacha na ndaltaí eile) ...

(Obair aonair) Rudaí a d'fhoghlaim mé nuair a bhí mé i mbun na hoibre seo: / (Obair ghrúpa) Rudaí a d'fhoghlaim mé ó na daltaí eile nuair a bhíomar i mbun na hoibre seo:

Dhá rud a bhí inmholta faoi mo phíosa oibre:

Rud a bhféadfainn feabhas a chur air – an bhfuil aon rud ann a dhéanfainn ar shlí dhifriúil an chéad uair eile?

An dalta:	An múinteoir:	An dáta:

Féinfheasacht an fhoghlaimeora

1. Scríobh an leagan ceartaithe de cheann amháin eile de na cleachtaí scríofa a rinne tú i do chóipleabhar.

2. Comhlánaigh an leathanach féinmheasúnaithe a ghabhann leis thíos.

3. Ansin, léigh ceann de na giotaí scríofa a scríobh do chara sa rang agus líon isteach an ghreille thíos.

Seánra:	Teideal an tsaothair:
Leagan ceartaithe an tsaothair:	

Leathanach féinmheasúnaithe

Ainm na scoile:	Ainm an dalta:
Teideal an phíosa: ☐ D'oibrigh mé i m'aonar. ☐ D'oibrigh mé i ngrúpa le (ainmneacha na ndaltaí eile) …	An dáta: Seánra:

(Obair aonair) Rudaí a d'fhoghlaim mé nuair a bhí mé i mbun na hoibre seo: / (Obair ghrúpa) Rudaí a d'fhoghlaim mé ó na daltaí eile nuair a bhíomar i mbun na hoibre seo:

Dhá rud a bhí inmholta faoi mo phíosa oibre:

Rud a bhféadfainn feabhas a chur air – an bhfuil aon rud ann a dhéanfainn ar shlí dhifriúil an chéad uair eile?

An dalta:	An múinteoir:	An dáta:

Leathanach piarmheasúnaithe

1. Thaitin _____
   _____ go mór liom/linn.

2. Chuir _____
   _____ ionadh orm/orainn.

3. Cheap mé/Cheapamar gurbh é an rud ab fhearr faoin scéal ná _____
   _____.

4. Ceapaim/Ceapaimid gurbh fhéidir leat/libh feabhas a chur_____
   _____.

CÉIM 7: SÚIL SIAR AR AONAD 3

Measúnú rangbhunaithe

Scríobh an leagan ceartaithe den mheasúnú rangbhunaithe ('An post a thaitneodh liom sa todhchaí') anseo. Ansin, comhlánaigh an leathanach féinmheasúnaithe a ghabhann leis.

Leathanach féinmheasúnaithe

Ainm na scoile:	Ainm an dalta:
Teideal an phíosa:	An dáta:
	Seánra:

Rudaí a d'fhoghlaim mé nuair a bhí mé i mbun na hoibre scríofa:

Rudaí a d'fhoghlaim mé nuair a bhí mé i mbun chur i láthair os comhair an ranga/ghrúpa bhig:

Dhá rud a bhí inmholta faoi mo chuid oibre scríofa:

Dhá rud a bhí inmholta faoi mo chuid oibre:

Rud a bhféadfainn feabhas a chur air – an bhfuil aon rud ann a dhéanfainn ar shlí dhifriúil an chéad uair eile?

An dalta:	An múinteoir:	An dáta:

Féinfheasacht an fhoghlaimeora: Féinmheasúnú

Cé chomh sásta is atá tú ag deireadh Aonad 3 go bhfuil tú in ann rudaí a thuiscint, a chur i láthair agus a scríobh ar na hábhair 'saol an duine óig, an teaghlach agus poist'? Cuir tic sa bhosca cuí.

1. Tá mé sásta _____
   _____
   _____
   _____
   _____
   _____ .

2. Ba mhaith liom feabhas a chur ar/athbhreithniú a dhéanamh ar _____
   _____
   _____
   _____
   _____
   _____ .

CÉIM 1: FEASACHT CHULTÚRTHA – AN CULTÚR AGUS AN LITRÍOCHT

4.1 **Obair ealaíne**

Feicfidh tú ceithre cinn de bhoscaí thíos. Tarraing pictiúr i ngach ceann de na boscaí de na híomhánna a fheictear duit agus tú ag léamh an chéad véarsa den dán 'Dán do Lara, 10'.

1

2

3

4

4.2 **Cleachtadh scríofa**

Déan achoimre ar scéal an dáin i d'fhocail féin sa spás thíos.

4.3 **Cleachtadh scríofa**

Feicfidh tú léaráid thíos. Déan achoimre sna boscaí ar phríomhthéamaí an dáin mar a fheiceann tusa iad.

4.4   **Cleachtadh scríofa**

Déan cur síos ar chuimhne dheas amháin atá agat ó laethanta d'óige.

Cleachtadh scríofa

Scríobh leathanach nó mar sin ar na fáthanna a dtaitníonn nó nach dtaitníonn an dán 'Dán do Lara, 10' leat. Ansin líon isteach an leathanach féinmheasúnaithe a ghabhann leis.

Leathanach féinmheasúnaithe

Ainm na scoile:	Ainm an dalta:
Teideal an phíosa:	An dáta:
	☐ D'oibrigh mé i m'aonar.
	☐ D'oibrigh mé i ngrúpa le (ainmneacha na ndaltaí eile) …
Seánra:	

(Obair aonair) Rudaí a d'fhoghlaim mé nuair a bhí mé ag déanamh staidéir ar an dán seo:

Dhá rud a bhí inmholta faoi mo chuid oibre ar an dán:

Rud a bhféadfainn feabhas a chur air – an bhfuil aon rud ann a dhéanfainn ar shlí dhifriúil an chéad uair eile?

An dalta:	An múinteoir:	An dáta:

4.6 Obair ealaíne

Feicfidh tú ceithre cinn de bhoscaí thíos. Tarraing pictiúr i ngach ceann de na boscaí de na híomhánna a fheictear duit i ngach véarsa/curfá agus tú ag léamh an amhráin 'Aililiú na Gamhna'.

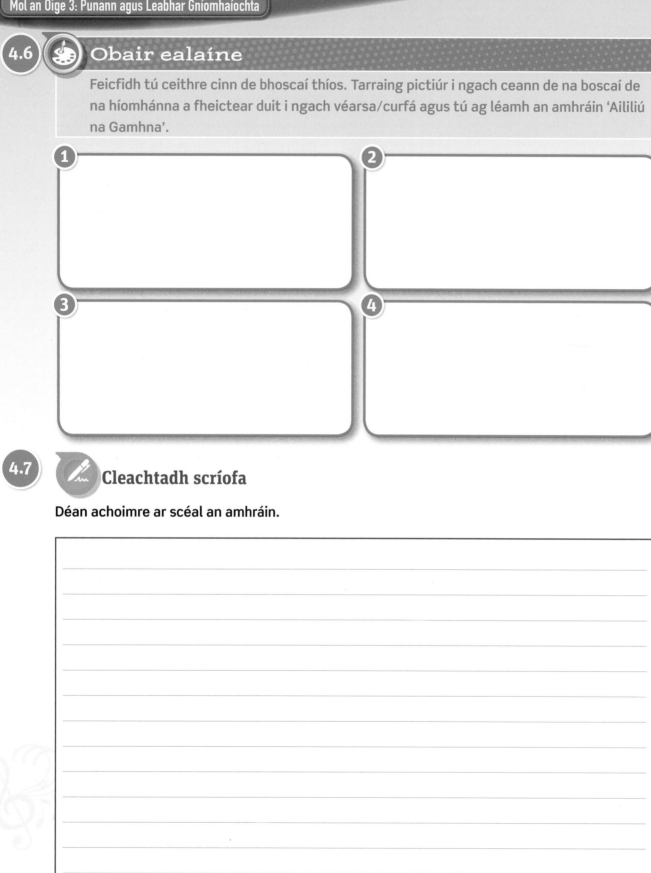

4.7 Cleachtadh scríofa

Déan achoimre ar scéal an amhráin.

4.8 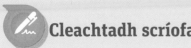 **Cleachtadh scríofa**

Déan achoimre sna boscaí ar phríomhthéamaí an amhráin mar a fheiceann tusa iad.

4.9 **Cleachtadh scríofa**

Scríobh leath-leathanach ar na fáthanna a dtaitníonn nó nach dtaitníonn an t-amhrán 'Aililiú na Gamhna' leat. Ansin líon isteach an leathanach féinmheasúnaithe a ghabhann leis.

Leathanach féinmheasúnaithe

Ainm na scoile:	Ainm an dalta:

Teideal an phíosa:	An dáta:

☐ D'oibrigh mé i m'aonar.

☐ D'oibrigh mé i ngrúpa le (ainmneacha na ndaltaí eile) …

Seánra:

(Obair aonair) Rudaí a d'fhoghlaim mé nuair a bhí mé ag déanamh staidéir ar an amhrán seo:

Dhá rud a bhí inmholta faoi mo chuid oibre ar an amhrán:

Rud a bhféadfainn feabhas a chur air – an bhfuil aon rud ann a dhéanfainn ar shlí dhifriúil an chéad uair eile?

An dalta:	An múinteoir:	An dáta:

CÉIM 2: CUMAS CUMARSÁIDE – ÉISTEACHT, FÉACHAINT, CUR I LÁTHAIR AGUS SCRÍOBH

4.10 **Crosfhocal: Féilte na bliana**

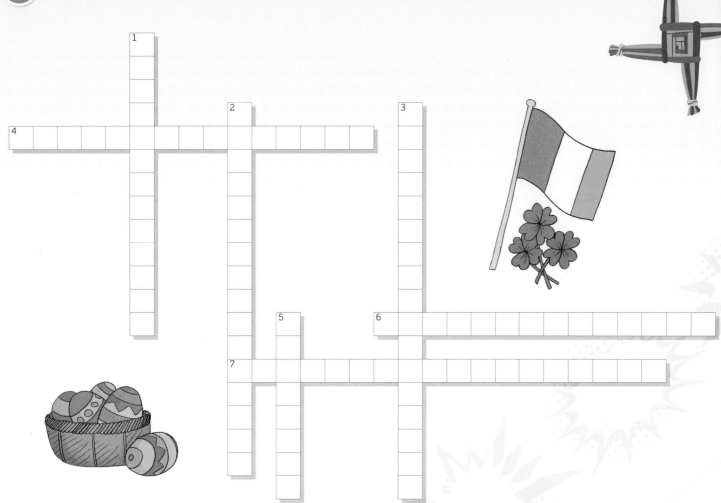

Trasna:

4. Tarlaíonn an fhéile seo ar an 17ú lá de Mhárta.

6. Déantar crois as luachra an lá seo.

7. Glacann na mná sos ón obair tí ar an lá sin i rith na Nollag.

Síos:

1. Tagann an duine sin le bronntanais do na páistí Oíche Nollag.

2. Bíonn Lá an naoimh sin ar an 26ú lá de Nollaig.

3. Titeann féile an duine sin ar an 14ú lá d'Fheabhra.

5. Itheann daoine a lán uibheacha ag an am sin den bhliain.

83

4.11 **Obair ghrúpa: Dráma sa rang**

Roinn an rang i ngrúpaí agus ceathrar i ngach grúpa. Tarraingeoidh gach grúpa mapa d'Éirinn bunaithe ar na cuir síos thíos in A, B, C agus D. Ní mór do gach duine sa ghrúpa réamhaisnéis na haimsire a scríobh do chuid dhifriúil den tír, i.e. an tuaisceart, an deisceart, an t-iarthar agus an t-oirthear bunaithe ar cheann de na pictiúir d'Éirinn (A, B, C, D) thíos.

Ansin, ligfidh duine amháin ó gach grúpa orthu gur láithreoir ar TG4 iad. Cuirfidh an múinteoir mapa mór a tharraing an grúpa ar an mbord. Ní mór do gach duine réamhaisnéis na haimsire a chur i láthair os comhair an ranga.

Nóta: *Féach ar réamhaisnéis na haimsire ar TG4 chun spreagadh a fháil!*

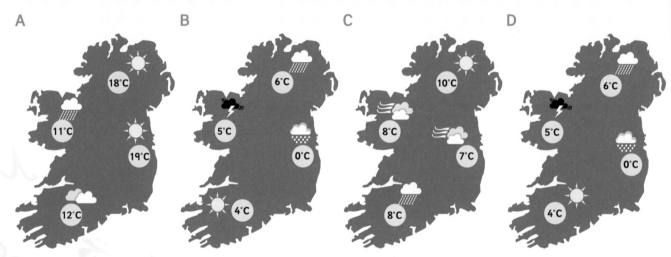

Líon na bearnaí sa réamhaisnéis aimsire seo a leanas:

ceathanna	teocht	chéim
sneachta	leac oighir	sioc

Beidh sé an-fhuar ar fud na tíre amárach agus titfidh an teocht go dtí dhá _____ Celsius. Sa tuaisceart, tosóidh sé ag cur _____ san iarnóin agus ní mór do thiománaithe a bheith cúramach ar na bóithre mar beidh a lán _____ _____ agus _____ ar na bóithre. Sa deisceart, éireoidh an aimsir níos boige tráthnóna amárach mar beidh _____ báistí ann agus leáfaidh cuid den sneachta.

Beidh an aimsir is fearr san oirthear amárach agus beidh lá geal agus grianmhar ansin. Beidh an _____ idir trí chéim agus cúig chéim Celsius ansin.

4.12 Obair bheirte: Cleachtadh cainte agus scríofa

Freagair na ceisteanna seo a leanas ó bhéal leis an dalta atá in aice leat agus i bhfoirm scríofa.

1. Cad é an séasúr is fearr leat? Cén fáth?

2. Cad iad míonna an tséasúir sin?

3. Conas a bhíonn an aimsir sa séasúr sin?

4. Déan cur síos ar an nádúr sa séasúr sin.

5. Cad iad na rudaí a dhéanann tú sa séasúr sin?

6. Cén fhéile is fearr leat sa bhliain?

_____

_____

_____

_____

7. Cén saghas siamsaíochta a bhíonn agat le linn na féile sin?

_____

_____

_____

_____

8. Cad a dhéanann tú gach Nollaig?

_____

_____

_____

_____

9. Cad a dhéanann tú gach Lá Fhéile Pádraig?

_____

_____

_____

_____

10. An dtaitníonn an Cháisc leat?

_____

_____

_____

_____

Cur i láthair/Obair dhigiteach

1. Bain úsáid as na nótaí i gCéim 2, Aonad 4 agus as www.focloir.ie. Ullmhaigh cur i láthair dar teideal 'An séasúr is fearr liom'.
2. Déan an obair a thaifeadadh ar d'fhón póca nó ar cheamara agus bí cinnte go sábhálann tú an obair sin chun í a chur i láthair an mhúinteora nó an ranga.
3. Scríobh an leagan ceartaithe den chur i láthair thíos.
4. Ansin, comhlánaigh an leathanach féinmheasúnaithe thíos.

Seánra: Cur i láthair	Teideal: An séasúr is fearr liom

Leagan ceartaithe an tsaothair:

Leathanach féinmheasúnaithe

Ainm na scoile:	Ainm an dalta:
Teideal an phíosa:	An dáta:
	Seánra:

Rudaí a d'fhoghlaim mé nuair a bhí mé i mbun na hoibre scríofa don chur i láthair:

Rudaí a d'fhoghlaim mé nuair a bhí mé i mbun chur i láthair os comhair an ranga/ghrúpa bhig:

Dhá rud a bhí inmholta faoi mo chuid oibre scríofa don chur i láthair:

Dhá rud a bhí inmholta faoi mo chur i láthair ó bhéal:

Rud a bhféadfainn feabhas a chur air – an bhfuil aon rud ann a dhéanfainn ar shlí dhifriúil an chéad uair eile?

An dalta:	An múinteoir:	An dáta:

CÉIM 3: CUMAS CUMARSÁIDE – AN CHLUASTUISCINT

4.14 Féinfheasacht an fhoghlaimeora

Scríobh síos 10 bhfocal nua a d'fhoghlaim tú sa chluastuiscint. Cum deich n-abairt á n-úsáid.

1. _____
2. _____
3. _____
4. _____
5. _____

6. _____
7. _____
8. _____
9. _____
10. _____

CÉIM 4: CUMAS CUMARSÁIDE – AN LÉAMHTHUISCINT

4.15 Féinfheasacht an fhoghlaimeora

10 bhfocal/nath cainte a d'fhoghlaim mé ón léamhthuiscint dar teideal 'An geimhreadh':

1. _____
2. _____
3. _____
4. _____
5. _____

6. _____
7. _____
8. _____
9. _____
10. _____

4.16 Féinfheasacht an fhoghlaimeora

10 bhfocal/nath cainte a d'fhoghlaim mé ón léamhthuiscint dar teideal 'Lá Fhéile Pádraig agus Seachtain na Gaeilge':

1. _____
2. _____
3. _____
4. _____
5. _____

6. _____
7. _____
8. _____
9. _____
10. _____

CÉIM 5: FEASACHT TEANGA – AN GHRAMADACH

4.17　**Achoimre ar an ngramadach**

Scríobh achoimre ar na rialacha a bhaineann le céimeanna comparáide na haidiachta anseo thíos.

Mar shampla: Úsáidimid na focail 'níos ... ná ...' chun comparáid a dhéanamh idir dhá rud nó beirt.

Féinfheasacht an fhoghlaimeora

Cad iad na dúshláin a bhí agam leis an mír ghramadaí 'céimeanna comparáide na haidiachta'?

1.　Tá mé sásta _____

_____ .

2.　Ba mhaith liom feabhas a chur ar/athbhreithniú a dhéanamh ar _____

_____ .

CÉIM 6: CUMAS CUMARSÁIDE – AN CHEAPADÓIREACHT

Féinfheasacht an fhoghlaimeora

1. Samhlaigh gur **gníomhaire** tú ar an mbord turasóireachta i do bhaile mór/sráidbhaile/ chathair/cheantar féin. Ullmhaigh **clár** d'fhéile a bheadh oiriúnach do d'áit dúchais. Dear bróisiúr. I do bhróisiúr:

   - Déan cur síos ar an bhféile agus ainmnigh an fhéile.

   - Luaigh dátaí na féile.

   - Luaigh aon aíonna speisialta nó pearsa mór le rá a bheidh ann chun an fhéile a sheoladh.

   - Scríobh liosta de na himeachtaí a bheidh ar siúl le linn na féile.

   - Tarraing pictiúir nó íoslódáil pictiúir **oiriúnacha** a chuirfidh tú sa bhróisiúr.

2. Déan an obair thuas a chur i láthair don rang nó do ghrúpa beag sa rang.

3. Scríobh an leagan ceartaithe den bhróisiúr anseo.

4. Comhlánaigh an leathanach féinmheasúnaithe agus piarmheasúnaithe a ghabhann leis.

5. Ansin, comhlánaigh an leathanach piarmheasúnaithe thíos bunaithe ar na bróisiúir agus cur i láthair eile a chonaic tú sa rang.

Teideal an tsaothair:

_____

_____

_____

_____

_____

_____

_____

_____

_____

_____

_____

_____

_____

_____

_____

Leathanach féinmheasúnaithe

Ainm na scoile:	Ainm an dalta:
Teideal an phíosa:	An dáta:
	Seánra:

Rudaí a d'fhoghlaim mé nuair a bhí mé i mbun na hoibre scríofa don bhróisiúr:

Rudaí a d'fhoghlaim mé nuair a bhí mé i mbun chur i láthair os comhair an ranga/ghrúpa bhig:

Dhá rud a bhí inmholta faoi mo chur i láthair ó bhéal:

Dhá rud a bhí inmholta faoi mo chuid oibre scríofa don bhróisiúr:

Rud a bhféadfainn feabhas a chur air – an bhfuil aon rud ann a dhéanfainn ar shlí dhifriúil an chéad uair eile?

An dalta:	An múinteoir:	An dáta:

Leathanach piarmheasúnaithe

Ainm na scoile:	Ainm an ghrúpa/na ndaltaí:
Teideal an phíosa:	An dáta:
	Seánra:

Dhá rud a thaitin liom faoin gcur i láthair:

Dhá rud a thaitin liom faoin mbróisiúr:

Rud a bhféadfaí feabhas a chur air. An raibh aon rud ann ar cheart dó/di/dóibh a dhéanamh ar shlí dhifriúil an chéad uair eile?

An dalta:	An múinteoir:	An dáta:

Féinfheasacht an fhoghlaimeora

1. Scríobh an leagan ceartaithe de cheann amháin de na cleachtaí scríofa a rinne tú i do chóipleabhar.

2. Ansin, comhlánaigh an leathanach féinmheasúnaithe a ghabhann leis thíos.

Seánra:	Teideal an tsaothair:

Leagan ceartaithe an tsaothair:

Leathanach féinmheasúnaithe

Ainm na scoile:	Ainm an dalta:
Teideal an phíosa:	An dáta:
	Seánra:

Rudaí a d'fhoghlaim mé nuair a bhí mé i mbun na hoibre scríofa:

Dhá rud a bhí inmholta faoi mo chuid oibre scríofa:

Rud a bhféadfainn feabhas a chur air – an bhfuil aon rud ann a dhéanfainn ar shlí dhifriúil an chéad uair eile?

Cad iad na hpríomhscileanna ar bhain mé úsáid astu agus mé i mbun an taisc thuas?

An dalta:	An múinteoir:	An dáta:

Féinfheasacht an fhoghlaimeora

1. Scríobh an leagan ceartaithe de cheann amháin eile de na cleachtaí scríofa a rinne tú i do chóipleabhar.

2. Ansin, comhlánaigh an leathanach féinmheasúnaithe a ghabhann leis thíos.

Seánra:	Teideal an tsaothair:
Leagan ceartaithe an tsaothair:	

Leathanach féinmheasúnaithe

Ainm na scoile:	Ainm an dalta:
Teideal an phíosa:	An dáta:

Teideal an phíosa:	Seánra:
☐ D'oibrigh mé i m'aonar.	
☐ D'oibrigh mé i ngrúpa le (ainmneacha na ndaltaí eile) …	

(Obair aonair) Rudaí a d'fhoghlaim mé nuair a bhí mé i mbun na hoibre seo: / (Obair ghrúpa) Rudaí a d'fhoghlaim mé ó na daltaí eile nuair a bhíomar i mbun na hoibre seo:

Dhá rud a bhí inmholta faoi mo phíosa oibre:

Rud a bhféadfainn feabhas a chur air – an bhfuil aon rud ann a dhéanfainn ar shlí dhifriúil an chéad uair eile?

An dalta:	An múinteoir:	An dáta:

CÉIM 7: SÚIL SIAR AR AONAD 4

Féinfheasacht an fhoghlaimeora: Féinmheasúnú

Cé chomh sásta is atá tú ag deireadh Aonad 4 go bhfuil tú in ann rudaí a thuiscint, a chur i láthair agus a scríobh ar na hábhair 'na séasúir, an aimsir agus na féilte'? Cuir tic sa bhosca cuí.

1. Tá mé sásta _____
_____
_____
_____
_____
_____ .

2. Ba mhaith liom feabhas a chur ar/athbhreithniú a dhéanamh ar _____
_____
_____
_____
_____ .

 CÉIM 1: FEASACHT CHULTÚRTHA – AN CULTÚR AGUS AN LITRÍOCHT

5.1 Cleachtadh scríofa

Scríobh síos an óráid ghearr a cheapann tú a thabharfadh an traenálaí sa seomra feistis do na himreoirí roimh dóibh dul amach ar an bpáirc sa ghearrscéal 'An Cluiche Mór'.

Óráid an Traenálaí

5.2 Obair ealaíne

Tarraing íomhá den suíomh a bhí le feiceáil ar an bpáirc sular chuir an réiteoir críoch leis an troid a bhris amach idir na himreoirí.

5.3 **Cleachtadh scríofa**

Déan achoimre ar phríomhthéamaí an ghearrscéil 'An Cluiche Mór' mar a fheiceann tú féin iad.

5.4 Cleachtadh scríofa

Scríobh achoimre ar an mbeirt phríomhcharachtar sa spás thíos.

An tÚdar	An Súilleabhánach

 Cleachtadh scríofa

Scríobh leathanach ar na fáthanna a dtaitníonn nó nach dtaitníonn an gearrscéal 'An Cluiche Mór' leat. Ansin líon isteach an leathanach féinmheasúnaithe a ghabhann leis.

Leathanach féinmheasúnaithe

Ainm na scoile:	Ainm an dalta:
Teideal an phíosa:	An dáta:

	D'oibrigh mé i m'aonar.
	D'oibrigh mé i ngrúpa le (ainmneacha na ndaltaí eile) …

Seánra:

(Obair aonair) Rudaí a d'fhoghlaim mé nuair a bhí mé ag déanamh staidéir ar an ngearrscéal seo:

Dhá rud a bhí inmholta faoi mo chuid oibre ar an ngearrscéal:

Rud a bhféadfainn feabhas a chur air – an bhfuil aon rud ann a dhéanfainn ar shlí dhifriúil an chéad uair eile?

An dalta:	An múinteoir:	An dáta:

5.6 Obair aonair/Obair bhaile

Scríobh liosta de na spóirt ar fad a imrítear i do scoil féin. Cuir tic (✓) in aice leis an spórt má imríonn tú féin é. An imríonn tú spóirt eile? Ainmnigh na spóirt ar fad a imríonn tú.

1.		
2.		
3.		
4.		
5.		
6.		
7.		
8.		
9.		
10.		
11.		
12.		
13.		
14.		
15.		

5.7 Athdhéanamh

Scríobh an fhoirm cheart den fhocal 'bliain' anseo.

1. dhá _____

2. ceithre _____

3. ocht _____

4. deich _____

5. trí _____ déag

6. sé _____ déag

7. aon _____ is fiche

8. naoi _____

9. fiche _____

10. daichead _____

Cur i láthair/Obair dhigiteach

1. Bain úsáid as na nótaí i gCéim 2, Aonad 5 agus as www.focloir.ie. Scríobh cuntas gearr ar an spórt i do shaol nó ar an gcaitheamh aimsire is fearr leat.

2. Déan an obair a thaifeadadh ar d'fhón póca nó ar cheamara agus bí cinnte go sábhálann tú an obair sin chun í a chur i láthair an mhúinteora nó an ranga.

3. Scríobh an leagan ceartaithe den chur i láthair thíos.

4. Ansin, comhlánaigh an leathanach féinmheasúnaithe thíos.

Seánra: Cur i láthair	Teideal: An spórt i mo shaol/An caitheamh aimsire is fearr liom

Leathanach féinmheasúnaithe

Ainm na scoile:	Ainm an dalta:
Teideal an phíosa:	An dáta:
	Seánra

Rudaí a d'fhoghlaim mé nuair a bhí mé i mbun na hoibre scríofa don chur i láthair:

Rudaí a d'fhoghlaim mé nuair a bhí mé i mbun chur i láthair os comhair an ranga/ghrúpa bhig:

Dhá rud a bhí inmholta faoi mo chur i láthair ó bhéal:

Dhá rud a bhí inmholta faoi mo chuid oibre scríofa don chur i láthair:

Rud a bhféadfainn feabhas a chur air – an bhfuil aon rud ann a dhéanfainn ar shlí dhifriúil an chéad uair eile?

An dalta:	An múinteoir:	An dáta:

5.9 Obair ealaíne

Tarraing léarscáil sa bhosca thíos de do cheantar. Líon isteach an léarscáil leis na háiseanna spóirt agus na bialanna ar fad atá i do cheantar, mar shampla, cúirteanna leadóige, bialann Shíneach.

Ainm an bhaile/na cathrach: _____

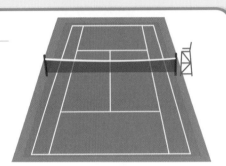

5.10 **Obair bheirte: Cleachtadh cainte agus scríofa**

Freagair na ceisteanna seo a leanas ó bhéal leis an dalta atá in aice leat agus i bhfoirm scríofa.

1. An maith leat spórt?

_____

_____

_____

_____

2. Cén saghas spóirt a imríonn tú?

_____

_____

_____

_____

3. An imríonn tú spórt le foireann? Cén fhoireann? Cén club?

_____

_____

_____

_____

4. Ar bhuaigh tú cluiche nó comórtas spóirt riamh? Déan cur síos air.

_____

_____

_____

_____

5. Cé hé/hí an phearsa spóirt is fearr leat?

_____

_____

_____

_____

6. An bhfuil an spórt tábhachtach i do shaol? Cén fáth?

    _____

    _____

    _____

    _____

7. Cad iad na buntáistí a bhaineann le spórt, i do thuairim?

    _____

    _____

8. Cad iad na cineálacha spóirt a imrítear i do scoil?

    _____

    _____

    _____

    _____

9. An bhféachann tú ar spórt ar an teilifís?

    _____

    _____

    _____

    _____

10. An mbíonn bia sláintiúil ar an mbiachlár i do scoil? Ainmnigh cúpla rud a bhíonn ar an mbiachlár.

    _____

    _____

    _____

    _____

5.11 Obair ealaíne: Biachlár

Lig ort go bhfuil do bhialann féin agat. Cuir an biachlár a bheadh agat sa bhialann i láthair ar an mbiachlár thíos. Déan an biachlár a dhearadh go healaíonta. Téigh chuig www.tearma.ie más gá cabhair a fháil leis na miasa.

Bialann: _____

Seoladh: _____

5.12   Obair bheirte: Cleachtadh cainte agus scríofa

Freagair na ceisteanna seo a leanas ó bhéal leis an dalta atá in aice leat agus i bhfoirm scríofa.

1.   Cén saghas bia a thaitníonn leat?

_____

_____

_____

2.   An maith leat cócaireacht?

_____

_____

_____

3.   Cad é an béile is fearr leat sa lá?

_____

_____

_____

4.   An maith leat feoil? Cén saghas feola?

_____

_____

5.   Cad í an mhias is fearr leat thar aon cheann eile?

_____

_____

_____

6. Cad í an bhialann is fearr leat?

_____

_____

_____

_____

7. An maith leat milseoga nó rudaí milse? Cén saghas?

_____

_____

_____

_____

8. Cén duine a dhéanann an chócaireacht sa bhaile?

_____

_____

_____

_____

9. An maith leat glasraí agus torthaí? Cén saghas?

_____

_____

_____

_____

10. Cén saghas deochanna a thaitníonn leat?

_____

_____

_____

_____

CÉIM 3: CUMAS CUMARSÁIDE – AN CHLUASTUISCINT

5.13 **Féinfheasacht an fhoghlaimeora**

10 bhfocal/nath cainte a d'fhoghlaim mé ó na míreanna cluastuisceana ar fad in Aonad 5:

1. _____
2. _____
3. _____
4. _____
5. _____

6. _____
7. _____
8. _____
9. _____
10. _____

CÉIM 4: CUMAS CUMARSÁIDE – AN LÉAMHTHUISCINT

5.14 **Féinfheasacht an fhoghlaimeora**

10 bhfocal/nath cainte a d'fhoghlaim mé ón léamhthuiscint '*Operation Transformation*':

1. _____
2. _____
3. _____
4. _____
5. _____

6. _____
7. _____
8. _____
9. _____
10. _____

5.15 **Féinfheasacht an fhoghlaimeora**

10 bhfocal/nath cainte a d'fhoghlaim mé ón léamhthuiscint 'An Gorta Mór in Éirinn':

1. _____
2. _____
3. _____
4. _____
5. _____

6. _____
7. _____
8. _____
9. _____
10. _____

CÉIM 5: FEASACHT TEANGA – AN GHRAMADACH

5.16 ## Achoimre ar an ngramadach

Scríobh achoimre sa tábla thíos ar na rialacha gramadaí a bhaineann leis an modh coinníollach.

Mar shampla: An chéad réimniú   Cuir séimhiú nó d' nó d' + séimhiú ar an mbriathar → ghlanfainn, d'éireoinn, d'fhanfadh sí.

Féinfheasacht an fhoghlaimeora

Cad iad na dúshláin a bhí agam leis an modh coinníollach?

1. Tá mé sásta ar

   _____ .

2. Ba mhaith liom feabhas a chur ar/athbhreithniú a dhéanamh ar

   _____ .

CÉIM 6: CUMAS CUMARSÁIDE – AN CHEAPADÓIREACHT

Féinfheasacht an fhoghlaimeora

1. Scríobh an leagan ceartaithe de cheann amháin de na cleachtaí scríofa a rinne tú i do chóipleabhar.

2. Ansin, comhlánaigh an leathanach féinmheasúnaithe a ghabhann leis thíos.

Seánra:	Teideal an tsaothair:

Leagan ceartaithe an tsaothair:

Leathanach féinmheasúnaithe

Ainm na scoile:	Ainm an dalta:
Teideal an phíosa:	An dáta:
☐ D'oibrigh mé i m'aonar.	Seánra:
☐ D'oibrigh mé i ngrúpa le (ainmneacha na ndaltaí eile) ...	

(Obair aonair) Rudaí a d'fhoghlaim mé nuair a bhí mé i mbun na hoibre seo: / (Obair ghrúpa) Rudaí a d'fhoghlaim mé ó na daltaí eile nuair a bhíomar i mbun na hoibre seo:

Dhá rud a bhí inmholta faoi mo phíosa oibre:

Rud a bhféadfainn feabhas a chur air – an bhfuil aon rud ann a dhéanfainn ar shlí dhifriúil an chéad uair eile?

An dalta:	An múinteoir:	An dáta:

Féinfheasacht an fhoghlaimeora

1. Scríobh an leagan ceartaithe de cheann amháin eile de na cleachtaí scríofa a rinne tú i do chóipleabhar.

2. Comhlánaigh an leathanach féinmheasúnaithe a ghabhann leis thíos.

3. Ansin, léigh ceann de na giotaí scríofa a scríobh do chara sa rang agus líon isteach an ghreille thíos.

Seánra:	Teideal an tsaothair:

Leagan ceartaithe an tsaothair:

Leathanach féinmheasúnaithe

Ainm na scoile:	Ainm an dalta:
Teideal an phíosa:	An dáta:
☐ D'oibrigh mé i m'aonar.	Seánra:
☐ D'oibrigh mé i ngrúpa le (ainmneacha na ndaltaí eile) ...	

(Obair aonair) Rudaí a d'fhoghlaim mé nuair a bhí mé i mbun na hoibre seo: / (Obair ghrúpa) Rudaí a d'fhoghlaim mé ó na daltaí eile nuair a bhíomar i mbun na hoibre seo:
Dhá rud a bhí inmholta faoi mo phíosa oibre:
Rud a bhféadfainn feabhas a chur air – an bhfuil aon rud ann a dhéanfainn ar shlí dhifriúil an chéad uair eile?
An dalta: An múinteoir: An dáta:

Leathanach piarmheasúnaithe

1. Thaitin _____

   _____ go mór liom/linn.

2. Chuir _____

   _____ ionadh orm/orainn.

3. Cheap mé/Cheapamar gurbh é an rud ab fhearr faoin scéal ná _____

   _____ .

4. Ceapaim/Ceapaimid gurbh fhéidir leat nó libh feabhas a chur_____

   _____ .

CÉIM 7: SÚIL SIAR AR AONAD 5

Measúnú rangbhunaithe

Scríobh an leagan ceartaithe den mheasúnú rangbhunaithe ('Mo laoch spóirt' NÓ 'An Cumann Lúthchleas Gael') anseo. Ansin, comhlánaigh an leathanach féinmheasúnaithe a ghabhann leis.

Leathanach féinmheasúnaithe

Ainm na scoile:	Ainm an dalta:
Teideal an phíosa:	An dáta:
	Seánra:

Rudaí a d'fhoghlaim mé nuair a bhí mé i mbun na hoibre scríofa don chur i láthair:

Rudaí a d'fhoghlaim mé nuair a bhí mé i mbun chur i láthair os comhair an ranga/ghrúpa bhig:

Dhá rud a bhí inmholta faoi mo chuid oibre scríofa don chur i láthair:

Dhá rud a bhí inmholta faoi mo chur i láthair ó bhéal:

Rud a bhféadfainn feabhas a chur air – an bhfuil aon rud ann a dhéanfainn ar shlí dhifriúil an chéad uair eile?

An dalta:	An múinteoir:	An dáta:

Féinfheasacht an fhoghlaimeora: Féinmheasúnú

Cé chomh sásta is atá tú ag deireadh Aonad 5 go bhfuil tú in ann rudaí a thuiscint, a chur i láthair agus a scríobh ar na hábhair 'An spórt, aclaíocht agus sláinte agus cúrsaí bia'? Cuir tic sa bhosca cuí.

1. Tá mé sásta _____
    _____
    _____
    _____
    _____
    _____ .

2. Ba mhaith liom feabhas a chur ar/athbhreithniú a dhéanamh ar _____
    _____
    _____
    _____
    _____
    _____ .

CÉIM 1: FEASACHT CHULTÚRTHA –
AN CULTÚR AGUS AN LITRÍOCHT

6.1 Obair ealaíne

Tarraing pictiúr i ngach ceann de na boscaí de na híomhánna a fheiceann tú agus tú ag léamh an amhráin 'An Mhaighdean Mhara'.

1

2

3

4

6.2 **Cleachtadh scríofa**

Déan achoimre ar scéal an dáin i d'fhocail féin sa spás thíos.

6.3

Cleachtadh scríofa

Feicfidh tú boscaí thíos. Déan achoimre sna boscaí ar phríomhthéamaí an amhráin mar a fheiceann tusa iad.

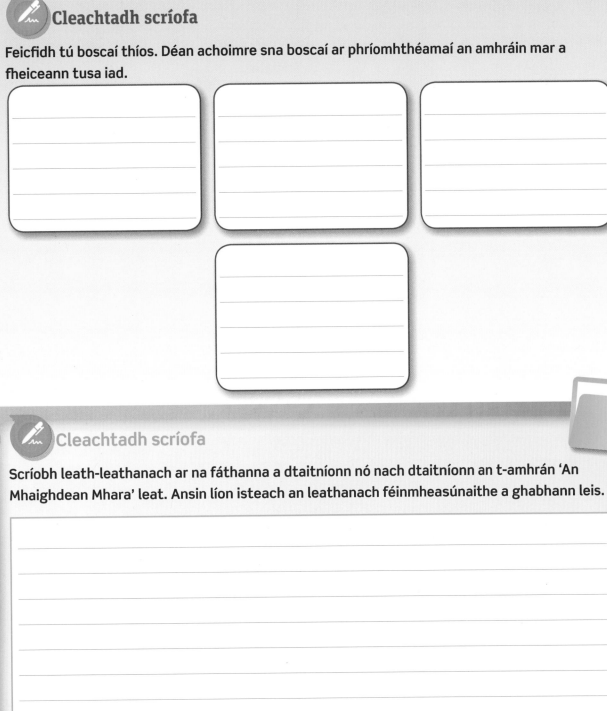

6.4

Cleachtadh scríofa

Scríobh leath-leathanach ar na fáthanna a dtaitníonn nó nach dtaitníonn an t-amhrán 'An Mhaighdean Mhara' leat. Ansin líon isteach an leathanach féinmheasúnaithe a ghabhann leis.

Leathanach féinmheasúnaithe

Ainm na scoile:	Ainm an dalta:
Teideal an phíosa:	An dáta:

☐ D'oibrigh mé i m'aonar.

☐ D'oibrigh mé i ngrúpa le (ainmneacha na ndaltaí eile) ...

Seánra:

(Obair aonair) Rudaí a d'fhoghlaim mé nuair a bhí mé ag déanamh staidéir ar an amhrán seo:

Dhá rud a bhí inmholta faoi mo chuid oibre ar an amhrán:

Rud a bhféadfainn feabhas a chur air – an bhfuil aon rud ann a dhéanfainn ar shlí dhifriúil an chéad uair eile?

An dalta: An múinteoir: An dáta:

CÉIM 2: CUMAS CUMARSÁIDE – ÉISTEACHT, FÉACHAINT, CUR I LÁTHAIR AGUS SCRÍOBH

6.5 Obair bheirte

Bain úsáid as na nótaí i gCéim 2, Aonad 6 agus as www.focloir.ie. Ansin, scríobh liosta de na huirlisí ceoil a bhíonn ...

1. i gceolfhoireann:

    _____

    _____

    _____

    _____

2. i mbanna rac-cheoil tipiciúil:

    _____

    _____

    _____

    _____

3. i ngrúpa traidisiúnta:

    _____

    _____

    _____

    _____

6.6 Obair bheirte: Cleachtadh cainte agus scríofa

Freagair na ceisteanna seo a leanas ó bhéal leis an dalta atá in aice leat agus i bhfoirm scríofa.

1. An maith leat ceol?

2. Cén saghas ceoil is fearr leat?

3. Cé hé/ hí an phearsa cheoil is fearr leat agus cén fáth?

4. An bhfaca tú an duine sin i gceolchoirm riamh?

5. An seinneann tú uirlis cheoil?

6. An gcanann tú i gcór na scoile nó i mbanna?

_____

_____

_____

7. An seinneann tú i gceolfhoireann na scoile, nó an bhfuil tú ag freastal ar ranganna ceoil?

_____

_____

_____

8. An bhfuil ceol tábhachtach i do shaol? Cén fáth?

_____

_____

_____

9. An bhféachann tú ar chláir cheoil? Cé na cláir?

_____

_____

_____

10. An éisteann tú le ceol ar iPod nó ar raidió cluaise?

_____

_____

_____

11. An gceannaíonn tú dlúthdhioscaí, nó an ndéanann tú ceol a íoslódáil ón idirlíon?

_____

_____

_____

6.7 **Suirbhé**

Iarr ar dheichniúr daltaí sa rang Gaeilge an ceistneoir thíos a chomhlánú. Ullmhaigh píchart (*pie chart*) bunaithe ar (*based on*) thorthaí (*results*) an tsuirbhé.

	Ainm an dalta	An saghas ceoil a thaitníonn leis/léi	Uirlis cheoil a sheinneann sé/sí	Conas a éisteann sé/sí le ceol (ar an iPod/ríomhaire/bhfón póca/aip, ar dhlúthdhiosca nó ar cheirnín)	An cheolchoirm is fearr dá bhfaca sé/sí riamh. Cé a bhí ag seinm?	An gcanann sé/sí i gcór/i mbanna/i ngrúpa traidisiúnta/i gcomórtais/ag an Aifreann?	An féidir leis/léi damhsa? Cén stíl?
1.							
2.							
3.							
4.							
5.							
6.							
7.							
8.							
9.							
10.							

Obair dhigiteach/Obair bhaile

1. Bain úsáid as na nótaí i gCéim 2, Aonad 6 agus as www.focloir.ie. Ansin, ullmhaigh cur i láthair dar teideal 'Áit an cheoil i mo shaol'. (An seinneann tú, an gcanann tú, conas a éisteann tú le ceol, cén saghas ceoil is fearr leat, cé hé an phearsa cheoil is fearr leat agus mar sin de.)

2. Déan an obair a thaifeadadh ar d'fhón póca nó ar cheamara agus bí cinnte go sábhálann tú an obair sin chun í a chur i láthair an mhúinteora nó an ranga.

3. Scríobh an leagan ceartaithe den chur i láthair thíos.

4. Ansin, comhlánaigh an leathanach féinmheasúnaithe thíos.

Seánra: Cur i láthair	Teideal: Áit an cheoil i mo shaol

Leagan ceartaithe an tsaothair:

Leathanach féinmheasúnaithe

Ainm na scoile:	Ainm an dalta:
Teideal an phíosa:	An dáta:
	Seánra:

Rudaí a d'fhoghlaim mé nuair a bhí mé i mbun na hoibre scríofa don chur i láthair:

Rudaí a d'fhoghlaim mé nuair a bhí mé i mbun chur i láthair os comhair an ranga/ghrúpa bhig:

Dhá rud a bhí inmholta faoi mo chuid oibre scríofa don chur i láthair:

Dhá rud a bhí inmholta faoi mo chur i láthair ó bhéal:

Rud a bhféadfainn feabhas a chur air – an bhfuil aon rud ann a dhéanfainn ar shlí dhifriúil an chéad uair eile?

An dalta:	An múinteoir:	An dáta:

CÉIM 3: CUMAS CUMARSÁIDE – AN CHLUASTUISCINT

6.9 Féinfheasacht an fhoghlaimeora

10 bhfocal/nath cainte a d'fhoghlaim mé ó na míreanna cluastuisceana ar fad in Aonad 6:

1. _____
2. _____
3. _____
4. _____
5. _____

6. _____
7. _____
8. _____
9. _____
10. _____

CÉIM 4: CUMAS CUMARSÁIDE – AN LÉAMHTHUISCINT

6.10 Féinfheasacht an fhoghlaimeora

10 bhfocal/nath cainte a d'fhoghlaim mé ón léamhthuiscint faoi Ed Sheeran:

1. _____
2. _____
3. _____
4. _____
5. _____

6. _____
7. _____
8. _____
9. _____
10. _____

6.11 Féinfheasacht an fhoghlaimeora

10 bhfocal/nath cainte a d'fhoghlaim mé ón léamhthuiscint 'Folláine –Tábhacht an cheoil agus an rince':

1. _____
2. _____
3. _____
4. _____
5. _____

6. _____
7. _____
8. _____
9. _____
10. _____

CÉIM 5: FEASACHT TEANGA – AN GHRAMADACH

6.12 ## Achoimre ar an ngramadach

Scríobh na rialacha a ghabhann leis an gclaoninsint.

Mar shampla:
Úsáidimid an chlaoninsint tar éis frásaí ar nós 'dúirt', 'is dóigh liom', 'is é mo thuairim', 'ceapaim', srl.

Féinfheasacht an fhoghlaimeora

Cad iad na dúshláin a bhí agam leis an mír ghramadaí an chlaoninsint?

1. Tá mé sásta _____

   _____ .

2. Ba mhaith liom feabhas a chur ar/athbhreithniú a dhéanamh ar _____

   _____ .

CÉIM 6: CUMAS CUMARSÁIDE – AN CHEAPADÓIREACHT

6.13 ## Póstaer

Dear póstaer do sheó a bheidh ar siúl i halla na scoile Dé Sathairn seo chugainn. Ar an bpóstaer, luaigh:

- an fáth ar eagraíodh an seó
- na daoine a bheidh ag seinm
- an áit agus an dáta
- an t-am a bheidh an seó ar siúl

- praghas na dticéad
- an áit a mbeidh na ticéid ar fáil
- na duaiseanna a bheidh le buachan sa chrannchur ag an seó
- aon ní suntasach eile

Leathanach piarmheasúnaithe

Léigh ceann de na scéálta a scríobh do chara/grúpa eile sa rang mar gheall ar 'An cheolchoirm is fearr dá bhfaca mé riamh' agus líon isteach an ghreille thíos.

1. Thaitin _____

   _____ go mór liom/linn.

2. Chuir _____

   _____ ionadh orm/orainn.

3. Cheap mé/Cheapamar gurbh é an rud ab fhearr faoin scéal ná _____

   _____.

4. Ceapaim/Ceapaimid gurbh fhéidir libh feabhas a chur ar _____

   _____.

Blag: Mo bhanna ceoil!

1. Is ball de bhanna ceoil thú. Scríobh blag mar gheall ar an mbanna. I do bhlag, luaigh:

    ●   an saghas ceoil a sheinneann an banna

    ●   an ról atá agat sa bhanna (an seinneann tú uirlis cheoil? An amhránaí thú?)

    ●   cathain agus cá háit a mbíonn sibh ag cleachtadh

    ●   Cad iad na gigeanna is suntasaí atá déanta agaibh go dtí seo?

    ●   An bhfuil aon ghigeanna pleanáilte agaibh amach anseo? Cén áit agus cathain a bheidh siad ar siúl?

2. Scríobh an leagan ceartaithe den bhlag thíos.

Leathanach féinmheasúnaithe

Ainm na scoile:	Ainm an dalta:
Teideal an phíosa:	An dáta:
	Seánra:

Rudaí a d'fhoghlaim mé nuair a bhí mé i mbun na hoibre scríofa don bhlag:

Dhá rud a bhí inmholta faoi mo chuid oibre scríofa don bhlag:

Rud a bhféadfainn feabhas a chur air – an bhfuil aon rud ann a dhéanfainn ar shlí dhifriúil an chéad uair eile?

An dalta:	An múinteoir:	An dáta:

Féinfheasacht an fhoghlaimeora

1. Scríobh an leagan ceartaithe de cheann amháin de na cleachtaí scríofa a rinne tú i do chóipleabhar.

2. Ansin, comhlánaigh an leathanach féinmheasúnaithe a ghabhann leis thíos.

Seánra:	Teideal an tsaothair:

Leagan ceartaithe an tsaothair:

Leathanach féinmheasúnaithe

Ainm na scoile:	Ainm an dalta:
Teideal an phíosa:	An dáta:
☐ D'oibrigh mé i m'aonar.	Seánra:
☐ D'oibrigh mé i ngrúpa le (ainmneacha na ndaltaí eile) …	

(Obair aonair) Rudaí a d'fhoghlaim mé nuair a bhí mé i mbun na hoibre seo: / (Obair ghrúpa) Rudaí a d'fhoghlaim mé ó na daltaí eile nuair a bhíomar i mbun na hoibre seo:

Dhá rud a bhí inmholta faoi mo phíosa oibre:

Rud a bhféadfainn feabhas a chur air – an bhfuil aon rud ann a dhéanfainn ar shlí dhifriúil an chéad uair eile?

An dalta:	An múinteoir:	An dáta:

Féinfheasacht an fhoghlaimeora

1. Scríobh an leagan ceartaithe de cheann amháin eile de na cleachtaí scríofa a rinne tú i do chóipleabhar.

2. Ansin, comhlánaigh an leathanach féinmheasúnaithe a ghabhann leis thíos.

Seánra:	Teideal an tsaothair:

Leagan ceartaithe an tsaothair:

_____

_____

_____

_____

_____

_____

_____

_____

_____

_____

_____

_____

_____

_____

_____

_____

_____

_____

_____

_____

_____

_____

_____

_____

_____

_____

_____

_____

_____

Leathanach féinmheasúnaithe

Ainm na scoile:	Ainm an dalta:
Teideal an phíosa:	An dáta:

Teideal an phíosa:		An dáta:
☐ D'oibrigh mé i m'aonar.		Seánra:
☐ D'oibrigh mé i ngrúpa le (ainmneacha na ndaltaí eile) …		

(Obair aonair) Rudaí a d'fhoghlaim mé nuair a bhí mé i mbun na hoibre seo: / (Obair ghrúpa) Rudaí a d'fhoghlaim mé ó na daltaí eile nuair a bhíomar i mbun na hoibre seo:

Dhá rud a bhí inmholta faoi mo phíosa oibre:

Rud a bhféadfainn feabhas a chur air – an bhfuil aon rud ann a dhéanfainn ar shlí dhifriúil an chéad uair eile?

An dalta:	An múinteoir:	An dáta:

Measúnú rangbhunaithe

1. Roghnaigh ceoltóir/grúpa traidisiúnta. Ullmhaigh measúnú rangbhunaithe mar gheall ar an gceoltóir/grúpa traidisiúnta atá roghnaithe agat. Is féidir na nótaí agus plean don aiste 'An phearsa cheoil is fearr liom' a úsáid mar chabhair duit.

2. Scríobh an leagan ceartaithe den mheasúnú rangbhunaithe thíos.

3. Ansin, comhlánaigh an leathanach féinmheasúnaithe a ghabhann leis.

Seánra:	Teideal an tsaothair:
Leagan ceartaithe an tsaothair:	

Leathanach féinmheasúnaithe

Ainm na scoile:	Ainm an dalta:
Teideal an phíosa:	An dáta:
	Seánra:

Rudaí a d'fhoghlaim mé nuair a bhí mé i mbun na hoibre scríofa don mheasúnú rangbhunaithe:

Rudaí a d'fhoghlaim mé nuair a bhí mé i mbun chur i láthair os comhair an ranga/ghrúpa bhig:

Dhá rud a bhí inmholta faoi mo chuid obair scríofa don mheasúnú rangbhunaithe:

Dhá rud a bhí inmholta faoi mo chur i láthair:

Rud a bhféadfainn feabhas a chur air – an bhfuil aon rud ann a dhéanfainn ar shlí dhifriúil an chéad uair eile?

An dalta:	An múinteoir:	An dáta:

CÉIM 7: SÚIL SIAR AR AONAD 6

Féinfheasacht an fhoghlaimeora: Féinmheasúnú

Cé chomh sásta is atá tú ag deireadh Aonad 6 go bhfuil tú in ann rudaí a thuiscint, a chur i láthair agus a scríobh faoin topaic 'an ceol'? Cuir tic sa bhosca cuí.

1. Tá mé sásta _____
    _____
    _____
    _____
    _____
    _____
    _____ .

2. Ba mhaith liom feabhas a chur ar/athbhreithniú a dhéanamh ar _____
    _____
    _____
    _____
    _____
    _____ .

CÉIM 1: FEASACHT CHULTÚRTHA – AN CULTÚR AGUS AN LITRÍOCHT

7.1 Cleachtadh scríofa

Déan achoimre ar scéal an dáin 'Stadeolaíocht' i d'fhocail féin sa spás thíos.

7.2 Obair thaighde

Déan níos mó taighde ar an bhfile Marcus Mac Conghail – file an dáin 'Stadeolaíocht'.

7.3 Cleachtadh scríofa

Déan achoimre ar phríomhthéamaí an dáin mar a fheiceann tusa iad.

7.4 Cleachtadh scríofa

Scríobh leath-leathanach ar na fáthanna a dtaitníonn nó nach dtaitníonn an dán 'Stadeolaíocht' leat. Ansin líon isteach an leathanach féinmheasúnaithe a ghabhann leis.

Leathanach féinmheasúnaithe

Ainm na scoile:	Ainm an dalta:
Teideal an phíosa:	An dáta:

	☐ D'oibrigh mé i m'aonar.
Seánra:	☐ D'oibrigh mé i ngrúpa le (ainmneacha na ndaltaí eile) …

(Obair aonair) Rudaí a d'fhoghlaim mé nuair a bhí mé ag déanamh staidéir ar an dán seo:

Dhá rud a bhí inmholta faoi mo chuid oibre ar an dán:

Rud a bhféadfainn feabhas a chur air – an bhfuil aon rud ann a dhéanfainn ar shlí dhifriúil an chéad uair eile?

An dalta:	An múinteoir:	An dáta:

CÉIM 2: CUMAS CUMARSÁIDE – ÉISTEACHT, FÉACHAINT, CUR I LÁTHAIR AGUS SCRÍOBH

7.5 **Suirbhé**

Iarr ar dheichniúr daltaí an ceistneoir seo a leanas a chomhlánú:

	Ainm an dalta	An saghas scannáin is fearr leis/léi.	An dtéann sé/sí go dtí an phictiúrlann níos mó ná uairsa mhí?	An saghas cláir teilifíse is fearr leis/léi	Cé mhéad uair sa tseachtain a fhéachann sé/sí ar an teilifís nó Netflix?	An maith leis/léi an léitheoireacht? Cén saghas leabhar a léann sé/sí?
1.						
2.						
3.						
4.						
5.						
6.						
7.						
8.						
9.						
10.						

7.6 Obair bheirte

Téigí ar www.tg4.ie. Ullmhaígí liosta de na cláir theilifíse atá le feiceáil ar TG4 faoi na cinnteidil luaite thíos.

1. Cláir thaistil:		2. Cláir faisnéise:	
3. Cláir chócaireachta:		4. Cláir spóirt:	
5. Sobalchláir:		6. Cartúin:	
7. Cláir cheoil:		8. Cláir chainte:	
9. Cláir nuachta:		10. Irischláir:	

7.7 Obair bheirte: Cleachtadh cainte agus scríofa

Freagair na ceisteanna seo a leanas ó bhéal leis an dalta atá in aice leat agus i bhfoirm scríofa.

1. An maith leat scannáin? Cén saghas scannán a thaitníonn leat?

2. Cé chomh minic is a théann tú go dtí an phictiúrlann?

3. Déan cur síos ar an scannán is fearr a chonaic tú le déanaí.

4. An bhféachann tú ar an teilifís?

5. Cén saghas clár teilifíse is fearr leat?

_____

_____

_____

_____

6. An maith leat a bheith ag léamh?

_____

_____

_____

_____

7. Cé hé an t-údar is fearr leat?

_____

_____

_____

_____

8. Cad is teideal don leabhar is fearr a léigh tú le déanaí?

_____

_____

_____

_____

9. Déan cur síos ar scéal an leabhair.

_____

_____

_____

_____

_____

_____

_____

_____

_____

_____

10. Cén phearsa is fearr leat sa leabhar? Cén fáth?

11. An mbaineann tú úsáid as fón póca, ríomhaire pearsanta, ríomhaire glúine nó iPad?

12. Cad iad na buntáistí agus na míbhuntáistí a bhaineann leis na giuirléidí teicneolaíochta atá agat sa bhaile?

Cur i láthair/Obair dhigiteach

1. Bain úsáid as na nótaí i gCéim 2, Aonad 7 agus as www.focloir. ie. Ar do ríomhaire sa bhaile nó i do chóipleabhar, ullmhaigh do chur i láthair féin dar teideal 'An clár teilifíse is fearr liom' nó 'Ag féachaint ar an teilifís – an caitheamh aimsire is fearr liom' nó aon teideal eile is mian leat ó na cinn shamplacha sa roinn 'Labhairt'.

2. Déan an obair a thaifeadadh ar d'fhón póca nó ar cheamara agus bí cinnte go sábhálann tú an obair sin chun í a chur i láthair an mhúinteora nó an ranga.

3. Scríobh an leagan ceartaithe den chur i láthair thíos.

4. Ansin, comhlánaigh an leathanach féinmheasúnaithe thíos.

Seánra: Cur i láthair	Teideal:

Leagan ceartaithe an tsaothair:

Leathanach féinmheasúnaithe

Ainm na scoile:	Ainm an dalta:
Teideal an phíosa:	An dáta:
	Seánra:

Rudaí a d'fhoghlaim mé nuair a bhí mé i mbun na hoibre scríofa don chur i láthair:

Rudaí a d'fhoghlaim mé nuair a bhí mé i mbun chur i láthair os comhair an ranga/ghrúpa bhig:

Dhá rud a bhí inmholta faoi mo chuid oibre scríofa don chur i láthair:

Dhá rud a bhí inmholta faoi mo chur i láthair ó bhéal:

Rud a bhféadfainn feabhas a chur air – an bhfuil aon rud ann a dhéanfainn ar shlí dhifriúil an chéad uair eile?

An dalta:	An múinteoir:	An dáta:

CÉIM 3: CUMAS CUMARSÁIDE – AN CHLUASTUISCINT

7.9 Féinfheasacht an fhoghlaimeora

Scríobh síos 10 bhfocal nua a d'fhoghlaim tú sa chluastuiscint. Cum deich n-abairt á n-úsáid.

1. _____
2. _____
3. _____
4. _____
5. _____

6. _____
7. _____
8. _____
9. _____
10. _____

CÉIM 4: CUMAS CUMARSÁIDE – AN LÉAMHTHUISCINT

7.10 Féinfheasacht an fhoghlaimeora

10 bhfocal/nath cainte a d'fhoghlaim mé ón léamhthuiscint faoi Graham Norton:

1. _____
2. _____
3. _____
4. _____
5. _____

6. _____
7. _____
8. _____
9. _____
10. _____

7.11 Féinfheasacht an fhoghlaimeora

10 bhfocal/nath cainte a d'fhoghlaim mé ón léamhthuiscint 'An t-úrscéal is fearr liom – *The Hunger Games*':

1. _____
2. _____
3. _____
4. _____
5. _____

6. _____
7. _____
8. _____
9. _____
10. _____

CÉIM 5: FEASACHT TEANGA – AN GHRAMADACH

7.12 **Achoimre ar an ngramadach**

Scríobh na rialacha a bhaineann leis na réamhfhocail shimplí agus na forainmneacha réamhfhoclacha.

Mar shampla: ar, de, do, roimh, um, thar, trí, faoi, mar, ó + séimhiú de ghnáth

Féinfheasacht an fhoghlaimeora

Cad iad na dúshláin a bhí agam leis na réamhfhocail shimplí agus na forainmneacha réamhfhoclacha?

1. Tá mé sásta _____

   _____ .

2. Ba mhaith liom feabhas a chur ar/athbhreithniú a dhéanamh ar _____

   _____ .

CÉIM 6: CUMAS CUMARSÁIDE –
AN CHEAPADÓIREACHT

7.13 ## Sceideal teilifíse

Dear sceideal teilifíse laethúil do TG4. Bíodh rogha agus meascán deas agat de shaghsanna difriúla clár. Cruthaigh ainmneacha do na cláir a thugann leid dúinn faoin saghas cláir atá i gceist.

	Dé Luain	Dé Máirt	Dé Céadaoin	Déardaoin	Dé hAoine	Dé Sathairn	Dé Domhnaigh
09:00							
10:00							
11:00							
12:00							
13:00							
14:00							
15:00							
16:00							
17:00							
18:00							
19:00							
20:00							
21:00							
22:00							
23:00							

7.14 **Suirbhé**

Dear ceistneoir agus déan suirbhé sa rang faoi na scannáin, na cláir, na leabhair agus na haisteoirí is fearr le gach duine.

7.15 **Féinfheasacht an fhoghlaimeora**

Ullmhaigh liosta de na focail/nath nua a d'fhoghlaim tú ón aiste 'An réalta scannáin is fearr liom – Emma Watson'.

1. _____
2. _____
3. _____
4. _____
5. _____

6. _____
7. _____
8. _____
9. _____
10. _____

Féinfheasacht an fhoghlaimeora: Leathanach piarmheasúnaithe

Comhlánaigh an leathanach piarmheasúnaithe seo faoi ghearrscannán do ghrúpa amháin eile sa rang.

Ainm na scoile:	Ainm an ghrúpa/na ndaltaí:
Teideal an phíosa:	An dáta:
	Seánra:

An raibh tús, buaicphointe agus críoch ag baint le scannán an ghrúpa?
An raibh tú in ann ionannú le duine de na carachtair?
An raibh plota an scannáin spéisiúil duit?
An raibh an aisteoireacht go maith sa scannán?
An raibh tú in ann foghraíocht na gcarachtar a thuiscint?
Dhá rud a thaitin leat faoin scannán:
Rud a bhféadfadh an grúpa feabhas a chur air. An raibh aon rud ann ar cheart dóibh a dhéanamh ar shlí dhifriúil an chéad uair eile:
Cad iad na hpríomhscileanna ar bhain mé úsáid astu agus mé i mbun an taisc thuas?

An dalta:　　　　　An múinteoir:　　　　　An dáta:

Déan anailís ar na príomhthéamaí a bhí le feiceáil sa scannán.

Luaigh liosta na gcarachtar sa ghearrscannán agus déan anailís ghearr orthu.

Féinfheasacht an fhoghlaimeora

1. Scríobh an leagan ceartaithe de cheann amháin de na cleachtaí scríofa a rinne tú i do chóipleabhar.

2. Ansin, comhlánaigh an leathanach féinmheasúnaithe a ghabhann leis thíos.

Seánra: **Teideal an tsaothair:**

Leagan ceartaithe an tsaothair:

Leathanach féinmheasúnaithe

Ainm na scoile:	Ainm an dalta:
Teideal an phíosa:	An dáta:
☐ D'oibrigh mé i m'aonar.	Seánra:
☐ D'oibrigh mé i ngrúpa le (ainmneacha na ndaltaí eile) ...	

(Obair aonair) Rudaí a d'fhoghlaim mé nuair a bhí mé i mbun na hoibre seo: / (Obair ghrúpa) Rudaí a d'fhoghlaim mé ó na daltaí eile nuair a bhíomar i mbun na hoibre seo:

Dhá rud a bhí inmholta faoi mo phíosa oibre:

Rud a bhféadfainn feabhas a chur air – an bhfuil aon rud ann a dhéanfainn ar shlí dhifriúil an chéad uair eile?

An dalta:	An múinteoir:	An dáta:

Féinfheasacht an fhoghlaimeora

1. Scríobh an leagan ceartaithe de cheann amháin eile de na cleachtaí scríofa a rinne tú i do chóipleabhar.

2. Ansin, comhlánaigh an leathanach féinmheasúnaithe a ghabhann leis thíos.

Seánra:	Teideal an tsaothair:

Leagan ceartaithe an tsaothair:

Leathanach féinmheasúnaithe

Ainm na scoile:	Ainm an dalta:
Teideal an phíosa:	An dáta:
☐ D'oibrigh mé i m'aonar.	Seánra:
☐ D'oibrigh mé i ngrúpa le (ainmneacha na ndaltaí eile) …	

(Obair aonair) Rudaí a d'fhoghlaim mé nuair a bhí mé i mbun na hoibre seo: / (Obair ghrúpa) Rudaí a d'fhoghlaim mé ó na daltaí eile nuair a bhíomar i mbun na hoibre seo:

Dhá rud a bhí inmholta faoi mo phíosa oibre:

Rud a bhféadfainn feabhas a chur air – an bhfuil aon rud ann a dhéanfainn ar shlí dhifriúil an chéad uair eile?

An dalta:	An múinteoir:	An dáta:

CÉIM 7: SÚIL SIAR AR AONAD 7

Féinfheasacht an fhoghlaimeora: Féinmheasúnú

Cé chomh sásta is atá tú ag deireadh Aonad 7 go bhfuil tú in ann rudaí a thuiscint, a chur i láthair agus a scríobh bunaithe ar an topaic 'na meáin chumarsáide'? Cuir tic sa bhosca cuí.

1. Tá mé sásta _____
   _____
   _____
   _____
   _____
   _____
   _____ .

2. Ba mhaith liom feabhas a chur ar/athbhreithniú a dhéanamh ar _____
   _____
   _____
   _____
   _____
   _____
   _____ .

CÉIM 1: FEASACHT CHULTÚRTHA – AN CULTÚR AGUS AN LITRÍOCHT

8.1 Cleachtadh scríofa

Scríobh scéal an amhráin 'Deireadh na Seachtaine' i d'fhocail féin.

8.2 Cleachtadh scríofa

Déan achoimre ar théamaí an amhráin 'Deireadh na Seachtaine'.

8.3 **Cleachtadh scríofa: Cuntas dialainne**

Cum an cuntas dialainne a cheapann tú a scríobhfadh an duine a bhí ag filleadh ar a árasán sa chathair san amhrán oíche Dé Domhnaigh nuair a shroich sé a árasán.

8.4 **Cleachtadh scríofa**

Scríobh leath-leathanach ar na fáthanna a dtaitníonn nó nach dtaitníonn an t-amhrán 'Deireadh na Seachtaine' leat. Ansin líon isteach an leathanach féinmheasúnaithe a ghabhann leis.

Leathanach féinmheasúnaithe

Ainm na scoile:	Ainm an dalta:
Teideal an phíosa:	An dáta:

	D'oibrigh mé i m'aonar.
	D'oibrigh mé i ngrúpa le (ainmneacha na ndaltaí eile) …

Seánra:

(Obair aonair) Rudaí a d'fhoghlaim mé nuair a bhí mé ag déanamh staidéir ar an amhrán seo:

Dhá rud a bhí inmholta faoi mo chuid oibre ar an amhrán:

Rud a bhféadfainn feabhas a chur air – an bhfuil aon rud ann a dhéanfainn ar shlí dhifriúil an chéad uair eile?

An dalta:	An múinteoir:	An dáta:

CÉIM 2: CUMAS CUMARSÁIDE – ÉISTEACHT, FÉACHAINT, CUR I LÁTHAIR AGUS SCRÍOBH

8.5 **Obair léarscáile**

Ar an léarscáil thíos, cuir isteach áit aitheanta amháin i ngach ceann de na treonna thíos.

- Sa tuaisceart
- San oirthear
- San oirthuaisceart
- San iardheisceart
- Sa deisceart
- San iarthar
- San oirdheisceart
- San iarthuaisceart

8.6 **Obair ghrúpa**

Scríobh abairtí anois agus déan iad a chur i láthair do do ghrúpa bunaithe ar na treonna thuas.

1. Tá Baile Átha Cliath in oirthear na tíre.

2. _____

3. _____

4. _____

5. _____

6. _____

7. _____

8. _____

8.7 👥 **Obair ghrúpa: Suirbhé**

Déan suirbhé sa rang faoi na tíortha/na háiteanna ar thug daltaí nó do mhúinteoir cuairt orthu. Déan an suirbhé leis an rang ar fad. Cuireann an chéad dalta an cheist, 'Lámha suas aon duine a thug cuairt ar Shasana' agus leantar ar aghaidh mar sin. Líon isteach na torthaí sa tábla thíos.

Tíortha	Líon daltaí a thug cuairt ar an tír	Tíortha	Líon daltaí a thug cuairt ar an tír
Sasana		An Liotuáin	
An Bhreatain Bheag		An Laitvia	
Albain		An Rómáin	
An Fhrainc		An Rúis	
An Spáinn		An tSín	
An Phortaingéil		An tSeapáin	
An Ghearmáin		An tSualainn	
Lucsanburg		An Iorua	
An Bheilg		An Fhionlainn	
An Eilvéis		An Danmhairg	
An Iodáil		Poblacht na Seice	
An Ostair		Meiriceá Theas	
An Tuirc		Meiriceá Thuaidh	
An Ghréig		An Astráil	
An Pholainn		An Afraic	
Ceanada		An Áise	

8.8 Obair aonair

Scríobh abairtí anseo bunaithe ar an suirbhé. Mar shampla,
'Thug cúigear ón rang cuairt ar Mheiriceá.'

1. _____

_____

2. _____

_____

3. _____

_____

4. _____

_____

5. _____

_____

6. _____

_____

7. _____

_____

8. _____

_____

9. _____

_____

10. _____

_____

Cur i láthair/Obair dhigiteach

1. Bain úsáid as na nótaí i gCéim 2, Aonad 8 agus as www.focloir.ie. Scríobh cuntas gearr ar do chuid laethanta saoire féin anuraidh nó bliain ar bith eile.

2. Déan an obair a thaifeadadh ar d'fhón póca nó ar cheamara agus bí cinnte go sábhálann tú an obair sin chun í a chur i láthair an mhúinteora nó an ranga.

3. Scríobh an leagan ceartaithe den chur i láthair thíos.

4. Ansin, comhlánaigh an leathanach féinmheasúnaithe thíos.

Seánra: Cur i láthair	Teideal: Mo chuid laethanta saoire

Leagan ceartaithe an tsaothair:

Leathanach féinmheasúnaithe

Ainm na scoile:	Ainm an dalta:
Teideal an phíosa:	An dáta:
	Seánra:

Rudaí a d'fhoghlaim mé nuair a bhí mé i mbun na hoibre scríofa don chur i láthair:

Rudaí a d'fhoghlaim mé nuair a bhí mé i mbun chur i láthair os comhair an ranga/ghrúpa bhig:

Dhá rud a bhí inmholta faoi mo chur i láthair ó bhéal:

Dhá rud a bhí inmholta faoi mo chuid oibre scríofa don chur i láthair:

Rud a bhféadfainn feabhas a chur air – an bhfuil aon rud ann a dhéanfainn ar shlí dhifriúil an chéad uair eile?

An dalta:	An múinteoir:	An dáta:

8.10 👥 **Obair bheirte: Cleachtadh cainte agus scríofa**

Freagair na ceisteanna seo a leanas ó bhéal leis an dalta atá in aice leat agus i bhfoirm scríofa.

1. Cad a dhéanann tú de ghnáth nuair a bhíonn laethanta saoire agat?

2. Ainmnigh áit amháin ar thug tú cuairt uirthi agus tú ar saoire.

3. Cé a bhí in éineacht leat?

4. Conas a bhí an aimsir?

5. Ar thaitin an bia leat?

6. An raibh na daoine go deas?

7. Cá raibh tú ag fanacht?

8. Conas a chuaigh tú ann?

9. Déan cur síos ar an gceantar.

    _____

    _____

    _____

10. An bhfuil na háiseanna go maith ann do thurasóirí?

    _____

    _____

    _____

11. An bhfuil post samhraidh agat?

    _____

    _____

12. Cén post atá agat?

    _____

    _____

13. Cad a dhéanann tú sa phost? Inis dom faoin bpost.

    _____

    _____

    _____

14. Cad a dhéanann tú sa bhaile nuair a bhíonn laethanta saoire agat ón scoil?

    _____

    _____

    _____

15. An bhfuil gaolta agat in aon chathair/tír eile? An dtéann tú ar cuairt orthu?

    _____

    _____

    _____

CÉIM 3: CUMAS CUMARSÁIDE – AN CHLUASTUISCINT

8.11 Féinfheasacht an fhoghlaimeora

10 bhfocal/nath cainte a d'fhoghlaim mé ó na míreanna cluastuisceana ar fad in Aonad 8:

1. _____
2. _____
3. _____
4. _____
5. _____

6. _____
7. _____
8. _____
9. _____
10. _____

CÉIM 4: CUMAS CUMARSÁIDE – AN LÉAMHTHUISCINT

8.12 Féinfheasacht an fhoghlaimeora

10 bhfocal/nath cainte a d'fhoghlaim mé ón léamhthuiscint 'Disney san Eoraip':

1. _____
2. _____
3. _____
4. _____
5. _____

6. _____
7. _____
8. _____
9. _____
10. _____

8.13 Féinfheasacht an fhoghlaimeora

10 bhfocal/nath cainte a d'fhoghlaim mé ón léamhthuiscint 'Treoirleabhar taistil':

1. _____
2. _____
3. _____
4. _____
5. _____

6. _____
7. _____
8. _____
9. _____
10. _____

CÉIM 5: FEASACHT TEANGA – AN GHRAMADACH

8.14 **Achoimre ar an ngramadach**

1. Scríobh achoimre sa tábla thíos ar na rialacha gramadaí a bhaineann leis an tuiseal ginideach.

> Mar shampla:
>
> Nuair a thagann dhá ainmfhocal le chéile, agus ceangal eatarthu, bíonn an tuiseal ginideach i gceist. Mar shampla, mála scoile.

2. Scríobh achoimre sa tábla thíos ar na rialacha gramadaí a bhaineann le haidiachtaí sa Ghaeilge.

Féinfheasacht an fhoghlaimeora

Cad iad na dúshláin a bhí agam leis an tuiseal ginideach agus leis na haidiachtaí?

1. Tá mé sásta

_____

2. Ba mhaith liom feabhas a chur ar/athbhreithniú a dhéanamh ar

_____

CÉIM 6: CUMAS CUMARSÁIDE – AN CHEAPADÓIREACHT

8.15 **Nathanna úsáideacha**

Tá 19 gcinn de nathanna sa Ghaeilge aibhsithe duit sa ríomhphost ar leathanach 340 i do théacsleabhar. Cuir an liosta nathanna sa spás thíos. Aimsigh brí na nathanna san fhoclóir nó ón múinteoir sa rang.

1. ag dul ar saoire gréine
2. _____
3. _____
4. _____
5. _____
6. _____
7. _____
8. _____
9. _____
10. _____
11. _____
12. _____
13. _____
14. _____
15. _____
16. _____
17. _____
18. _____
19. _____

Féinfheasacht an fhoghlaimeora

1. Scríobh an leagan ceartaithe de cheann amháin de na cleachtaí scríofa a rinne tú i do chóipleabhar.

2. Ansin, comhlánaigh an leathanach féinmheasúnaithe a ghabhann leis thíos.

Seánra: **Teideal an tsaothair:**

Leagan ceartaithe an tsaothair:

Leathanach féinmheasúnaithe

Ainm na scoile:	Ainm an dalta:
Teideal an phíosa:	An dáta:
☐ D'oibrigh mé i m'aonar. ☐ D'oibrigh mé i ngrúpa le (ainmneacha na ndaltaí eile) ...	Seánra:

(Obair aonair) Rudaí a d'fhoghlaim mé nuair a bhí mé i mbun na hoibre seo: / (Obair ghrúpa) Rudaí a d'fhoghlaim mé ó na daltaí eile nuair a bhíomar i mbun na hoibre seo:

Dhá rud a bhí inmholta faoi mo phíosa oibre:

Rud a bhféadfainn feabhas a chur air – an bhfuil aon rud ann a dhéanfainn ar shlí dhifriúil an chéad uair eile?

An dalta:	An múinteoir:	An dáta:

Féinfheasacht an fhoghlaimeora

1. Scríobh an leagan ceartaithe de cheann amháin eile de na cleachtaí scríofa a rinne tú i do chóipleabhar.

2. Comhlánaigh an leathanach féinmheasúnaithe a ghabhann leis thíos.

3. Ansin, léigh ceann de na giotaí scríofa a scríobh do chara sa rang agus líon isteach an ghreille thíos.

Seánra:	Teideal an tsaothair:
Leagan ceartaithe an tsaothair:	

Leathanach féinmheasúnaithe

Ainm na scoile:	Ainm an dalta:
Teideal an phíosa:	An dáta:
☐ D'oibrigh mé i m'aonar.	Seánra:
☐ D'oibrigh mé i ngrúpa le (ainmneacha na ndaltaí eile) …	

(Obair aonair) Rudaí a d'fhoghlaim mé nuair a bhí mé i mbun na hoibre seo: / (Obair ghrúpa) Rudaí a d'fhoghlaim mé ó na daltaí eile nuair a bhíomar i mbun na hoibre seo:

Dhá rud a bhí inmholta faoi mo phíosa oibre:

Rud a bhféadfainn feabhas a chur air – an bhfuil aon rud ann a dhéanfainn ar shlí dhifriúil an chéad uair eile?

An dalta:	An múinteoir:	An dáta:

Leathanach piarmheasúnaithe

1. Thaitin _____
   _____ go mór liom/linn.

2. Chuir _____
   _____ ionadh orm/orainn.

3. Cheap mé/Cheapamar gurbh é an rud ab fhearr faoin scéal ná _____
   _____ .

4. Ceapaim/Ceapaimid gurbh fhéidir leat/libh feabhas a chur _____
   _____ .

CÉIM 7: SÚIL SIAR AR AONAD 8

Féinfheasacht an fhoghlaimeora: Féinmheasúnú

Cé chomh sásta is atá tú ag deireadh Aonad 8 go bhfuil tú in ann rudaí a thuiscint, a chur i láthair agus a scríobh ar na hábhair 'laethanta saoire, an taisteal agus an samhradh'? Cuir tic sa bhosca cuí.

1. Tá mé sásta _____
   _____
   _____
   _____
   _____
   _____ .

2. Ba mhaith liom feabhas a chur ar/athbhreithniú a dhéanamh ar _____
   _____
   _____
   _____
   _____
   _____ .

CÉIM 1: AN GEARRSCÉAL 'LEIGHEAS'
LE hORNA NÍ CHOILEÁIN

9.1a Obair bhaile: Cuntas dialainne

Lig ort gur tusa Méabh agus go bhfuil tú ag obair le Conchubhar sa ghearrscéal 'Leigheas'. Déan cur síos ar Chonchubhar i do dhialann agus ar an gcomhrá a bhí agat le d'fhear céile Aindrias faoi. Scríobh an cuntas sin isteach sa spás thíos.

9.1b Obair bhaile: Cuntas do na gardaí

Lig ort gur tusa Aindrias. Scríobh síos an cuntas a thabharfaidh tú do na gardaí má cheistítear tú níos déanaí. Scríobh an cuntas sin sa spás thíos.

9.1c **Cleachtadh scríofa**

Líon isteach téamaí an ghearrscéil mar a thuigeann tusa iad sna boscaí.

9.1d 👥 Obair bheirte

Feicfidh tú pictiúr de Mhéabh thíos. Le do chara, déan achoimre ar charachtar Mhéabh agus scríobh síos na heochairfhocail in aice leis an bpictiúr. An bhfuil sibh in ann cuimhneamh ar thréithe nach luaitear sa téacsleabhar?

9.1e 👥 Obair bheirte

Feicfidh tú pictiúr d'Aindrias thíos. Le do chara, déan achoimre ar charachtar Aindréis agus scríobh síos na heochairfhocail in aice leis an bpictiúr. An bhfuil sibh in ann cuimhneamh ar thréithe nach luaitear sa téacsleabhar?

9.1f 👥 Obair bheirte

Feicfidh tú pictiúr de Chonchubhar thíos. Le do chara, déan achoimre ar charachtar Chonchubhair agus scríobh síos na heochairfhocail in aice leis an bpictiúr. An bhfuil sibh in ann cuimhneamh ar thréithe nach luaitear sa téacsleabhar?

9.1g 🎨 **Obair ealaíne**

Tarraing pictiúr de na mioncharachtair, bean na dticéad, an dochtúir agus an garda sa spás thíos. Scríobh síos na pointí eolais a thugtar dúinn sa ghearrscéal 'Leigheas' faoi gach duine acu.

Bean na dticéad	An dochtúir	An garda

9.1h 👥 **Obair bheirte**

Feicfidh tú trí cholún thíos. Luaigh na sonraí móra agus na mionsonraí a thugtar dúinn ar gach carachtar a chuidíonn linn aithne a chur orthu.

Méabh	Aindrias	Conchubhar

9.1i **Obair bheirte**

Déan iarracht na comhtharlúintí sa scéal a mhíniú sa spás thíos. Is féidir an obair seo a dhéanamh le do chara.

Comhtharlúint 1

Comhtharlúint 2

Comhtharlúint 3

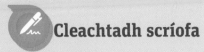

9.1j Cleachtadh scríofa

Abair ar thaitin nó nár thaitin carachtar Chonchubhair leat. Tabhair cúiseanna le do fhreagra.

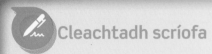Cleachtadh scríofa

Scríobh leathanach ar na fáthanna ar thaitin nó nár thaitin an gearrscéal
'Leigheas' leat. Ansin líon isteach an leathanach féinmheasúnaithe a ghabhann leis.

Leathanach féinmheasúnaithe

Ainm na scoile:	Ainm an dalta:
Teideal an phíosa:	An dáta:
	Seánra:

Rudaí a d'fhoghlaim mé nuair a léigh mé an gearrscéal 'Leigheas':

Rudaí a d'fhoghlaim mé nuair a bhí mé ag déanamh tascanna liom féin nó le daoine eile sa rang:

Dhá rud a bhí inmholta maidir leis an ngearrscéal seo:

Dhá rud nár thaitin liom faoi (más ann dóibh):

An dalta:	An múinteoir:	An dáta:

CÉIM 2: AN GEARRSCÉAL 'KATFISH' LE HÓGIE Ó CÉILLEACHAIR

9.2a 🎨 **Obair ealaíne**

Tarraing íomhá den suíomh a bhí le feiceáil nuair a bhuail KitiKat le Jon Green sa pháirc phoiblí i lár an bhaile mhóir.

9.2b ✏️ **Cleachtadh scríofa**

Déan achoimre ar phríomhthéamaí an ghearrscéil 'Katfish' mar a fheiceann tú féin iad.

9.2c Cleachtadh scríofa

Déan achoimre ar an mbeirt phríomhcharachtar sa spás thíos.

KitiKat	Jon Green

Cleachtadh scríofa

Scríobh leathanach ar na fáthanna ar thaitin nó nár thaitin an gearrscéal
'Katfish' leat. Ansin líon isteach an leathanach féinmheasúnaithe a ghabhann leis.

Leathanach féinmheasúnaithe

Ainm na scoile:	Ainm an dalta:
Teideal an phíosa:	An dáta:
	Seánra:

Rudaí a d'fhoghlaim mé nuair a léigh mé an gearrscéal 'Katfish':

Rudaí a d'fhoghlaim mé nuair a bhí mé ag déanamh tascanna liom féin nó le daoine eile sa rang:

Dhá rud a bhí inmholta maidir leis an ngearrscéal seo:

Dhá rud nár thaitin liom faoi (más ann dóibh):

An dalta:	An múinteoir:	An dáta:

CÉIM 3: DRÁMA GLEANN ÁLAINN LE BRIAN Ó BAOILL

9.3a Obair ealaíne

Tarraing íomhá den suíomh a bhí le feiceáil nuair a chonaic na daoine óga an bruscar in aice an locha sa ghleann álainn.

9.3b Cleachtadh scríofa

Déan achoimre ar phríomhthéamaí an dráma *Gleann Álainn* mar a fheiceann tú féin iad.

9.3c Cleachtadh scríofa

Déan achoimre ar na tréithe a bhain leis na carachtair Sinéad, Séamus Dubh agus Seán Mac an Mháistir sa spás thíos.

Sinéad	Séamus Dubh	Seán Mac an Mháistir

9.3d **Cleachtadh scríofa**

Scríobh liosta de na mothúcháin atá le brath sa dráma *Gleann Álainn*. Ansin scríobh nóta gairid ar gach mothúchán.

Cleachtadh scríofa

Scríobh leathanach ar na fáthanna ar thaitin nó nár thaitin an dráma *Gleann Álainn* leat. Ansin comhlánaigh an leathanach féinmheasúnaithe thíos.

Leathanach féinmheasúnaithe

Ainm na scoile:	Ainm an dalta:
Teideal an phíosa:	An dáta:
	Seánra:

Rudaí a d'fhoghlaim mé nuair a léigh mé an dráma *Gleann Álainn*:

Rudaí a d'fhoghlaim mé nuair a bhí mé ag déanamh tascanna liom féin nó le daoine eile sa rang:

Dhá rud a bhí inmholta maidir leis an dráma seo:

Dhá rud nár thaitin liom faoi (más ann dóibh):

An dalta:	An múinteoir:	An dáta:

9.4a  **Obair ealaíne**

Déan pictiúr a tharraingt chun suíomh na céad chaibidile a léiriú. Ansin, déan do phictiúr a phlé le do chara nó le do ghrúpa sa rang agus mínigh an scéal ón bpictiúr.

9.4b **Cleachtadh scríofa: Cuntas dialainne**

Is tusa Sharon. Scríobh cuntas le cur síos ar na smaointe atá ag gabháil trí do chloigeann tar éis duit d'athair a fheiceáil ag pógadh Bhláithín de Clár sa seanbhothán.

9.4c Cleachtadh scríofa

Féach ar an léaráid thíos. Déan príomhthéamaí an úrscéil a scríobh isteach sna ciorcail mar a fheiceann tú féin iad agus tabhair míniú gairid ar na príomhthéamaí sin.

Príomhthéamaí an úrscéil *Cúpla* le hÓgie Ó Céilleachair

9.4d Cleachtadh scríofa

Féach ar an bpictiúr d'Éile anseo. Scríobh achoimre ar a carachtar mar a fheiceann tú féin é tar éis duit na tréithe sin a phlé le do ghrúpa sa rang.

_____

_____

_____

_____

_____

_____

_____

_____

_____

_____

_____

9.4e Cleachtadh scríofa

Feicfidh tú pictiúr de Sharon anseo. Scríobh achoimre ar a carachtar mar a fheiceann tú féin é tar éis duit na tréithe sin a phlé le do ghrúpa sa rang.

_____

_____

_____

_____

_____

_____

_____

_____

9.4f Cleachtadh scríofa

Líon isteach samplaí ón scéal a léiríonn na mothúcháin thíos. An gceapann tú go bhfuil mothúcháin eile le brath ó léamh an úrscéil duit. Cad iad?

Fearg: Bhí fearg ar Sharon nuair a fuair sí amach go raibh caidreamh adhaltrach ar bun idir a Daid agus múinteoir eile sa scoil ina raibh sé ag múineadh.

_____

_____

_____

Buairt: Bhí Máiréad Uí Bhraonáin (máthair an chúpla) an-bhuartha faoi Sharon agus a **drochiompar**[1]. Bhí Éile (deirfiúr Sharon) an-bhuartha fúithi freisin. D'inis sí an méid sin don chapall béaldorais go minic.

_____

_____

_____

Aiféala: Bhí **aiféala**[2] ar Timmy (athair an chúpla) nuair a dúirt a bhean chéile go raibh sí ag iarraidh scaradh leis ar feadh tamaill tar éis dó a admháil di go raibh caidreamh adhaltrach aige le Bláithín. Bhí sé 'briste'. Cé nach n-insíonn an t-údar dúinn conas a mhothaigh Sharon ag deireadh an scéil nuair a chonaic sí **leaca uaighe**[3] le hainm a Daid agus Mhíchíl Uí Laoire scríofa orthu, is dócha go raibh aiféala ar Sharon gur mharaigh sí a Daid agus Mícheál Ó Laoire sa timpiste bhóthair.

_____

_____

_____

Cneastacht: Ba **léir**[4] go raibh Éile cneasta agus go raibh grá aici dá deirfiúr Sharon. **Faraor**[5] ní raibh sí in ann cabhrú léi.

_____

_____

_____

[1] bad behaviour

[2] regret

[3] gravestones

[4] it was clear

[5] unfortunately

Cad iad na mothúcháin a mhúsclaíonn an scéal seo ionat féin?

9.4g 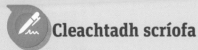 **Cleachtadh scríofa**

Is é buaicphointe an scéil seo gan amhras ná an timpiste bhóthair inar mharaigh Sharon a Daid agus Mícheál Ó Laoire nuair a bhí sí ag tiomáint carr Mhíchíl Uí Laoire faoi thionchar drugaí. Déan liosta de na pointí móra tábhachtacha eile san úrscéal *Cúpla*, dar leat.

- <u>Nuair a chonaic Sharon a Daid agus múinteoir eile sa scoil ina raibh sé ag múineadh ag pógadh sa seanbhóthán ar chúl na scoile.</u>
- <u>Nuair a d'admhaigh Timmy dá bhean chéile go raibh caidreamh adhaltrach ar bun aige.</u>
-
-
-
-
-
-
-
-
-
-
-

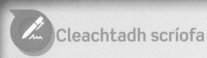

Cleachtadh scríofa

Scríobh leathanach ar na fáthanna ar thaitin nó nár thaitin an t-úrscéal *Cúpla* leat. Ansin líon isteach an leathanach féinmheasúnaithe a ghabhann leis.

Leathanach féinmheasúnaithe

Ainm na scoile:	Ainm an dalta:
Teideal an phíosa:	An dáta:
	Seánra:

Rudaí a d'fhoghlaim mé nuair a léigh mé an t-úrscéal *Cúpla*:

Rudaí a d'fhoghlaim mé nuair a bhí mé ag déanamh tascanna liom féin nó le daoine eile sa rang:

Dhá rud a bhí inmholta maidir leis an úrscéal seo:

Dhá rud nár thaitin liom faoi (más ann dóibh):

An dalta:	An múinteoir:	An dáta:

An Chluastuiscint: Scrúdú na Nollag

Cuid A

Cloisfidh tú giotaí cainte ó bheirt daoine óga sa chuid seo. Cloisfidh tú gach giota díobh **faoi dhó**. Beidh sos ann tar éis gach giota a chloisfidh tú chun seans a thabhairt na ceisteanna a bhaineann leo a fhreagairt. Éist go cúramach leis na giotaí cainte agus líon isteach an t-eolas atá á lorg sna greillí ag 1 agus 2 thíos.

1 An chéad chainteoir (Canúint na Mumhan)

Ainm:	*Marc Ó Cuinneabháin*
Cad as do Mharc?	
Cén saghas ceoil is fearr leis?	
Cé na huirlisí ceoil a sheinneann sé?	
Cé na huirlisí ceoil a sheinneann a athair?	

2 An dara cainteoir (Canúint Uladh)

Ainm:	*Breandán de Paor*
Cad as do Bhreandán?	
Cén saghas scoile í a scoil?	
Cad é an t-ábhar is fearr leis ar scoil?	
Cén post ba mhaith leis lá éigin?	

Cuid B

Cloisfidh tú fógra agus píosa nuachta sa chuid seo. Cloisfidh tú gach giota díobh **faoi dhó**. Éist go cúramach leo. Beidh sos ann tar éis gach ceann díobh chun seans a thabhairt duit na ceisteanna a bhaineann leo a fhreagairt.

Fógra (Canúint Chonnacht)

1. Cá bhfuil an siopa spóirt lonnaithe san fhógra seo?

_____

_____

2. Cad a bheidh ar siúl sa siopa an deireadh seachtaine seo chugainn?

_____

_____

3. Cad a dhíolfar ar leathphraghas?

_____

_____

Píosa nuachta (Canúint na Mumhan)

1. Cad a bhuaigh Bríd?

_____

_____

2. (a) Cé mhéad airgid a bhuaigh sí?

_____

_____

(b) Luaigh dhá rud a dhéanfaidh Bríd leis an airgead.

_____

_____

Cuid C

Cloisfidh tú dhá chomhrá sa chuid seo. Cloisfidh tú gach comhrá díobh **faoi dhó**. Cloisfidh tú an comhrá ó thosach deireadh an chéad uair. Ansin cloisfidh tú ina dhá mhír é an dara huair. Beidh sos ann tar éis gach míre díobh chun seans a thabhairt duit an cheist a bhaineann leis an mír sin a fhreagairt.

Comhrá a hAon (Canúint Uladh)

An chéad mhír:

1. Cad a bhuaigh Sinéad?

_____

_____

An dara mír:

2. Conas a rachaidh Sinéad ó Leitir Ceanainn go Baile Átha Cliath?

_____

3. Cá fhad a mhairfidh an turas?

_____

_____

Comhrá a Dó (Canúint Chonnacht)

An chéad mhír:

1. Cén fhadhb atá ag Roibeard?

_____

_____

An dara mír:

2. Cén saghas bia a thaitníonn le máthair Roibeaird?

_____

_____

3. Cad a cheannóidh Roibeard dá mham?

_____

_____

An Chluastuiscint: Scrúdú an tSamhraidh

Cuid A

Cloisfidh tú giotaí cainte ó bheirt daoine óga sa chuid seo. Cloisfidh tú gach giota díobh **faoi dhó**. Beidh sos ann tar éis gach giota a chloisfidh tú chun seans a thabhairt na ceisteanna a bhaineann leo a fhreagairt. Éist go cúramach leis na giotaí cainte agus líon isteach an t-eolas atá á lorg sna greillí ag 1 agus 2 thíos.

1. An chéad chainteoir (cainteoir ó chúige Laighean)

Ainm:	*Aoibhe Ní Shioradáin*
Cá bhfuil cónaí ar Aoibhe?	
An fáth a dtéann athair Aoibhe go Baile Átha Cliath ar an mbus?	
Post a máthar.	
Rud amháin a deir sí faoina tuismitheoirí.	

2. An dara cainteoir (Canúint Chonnacht)

Ainm:	*Síle Ní Mháirtín*
Cathain a bhíonn breithlá Shíle ann?	
Cad is ainm dá leathchúpla?	
Ainmnigh uirlis cheoil amhain a sheinneann Síle.	
Cá mbíonn an grúpa ceoil ag seinm uaireanta ag an deireadh seachtaine?	

Cuid B

Cloisfidh tú fógra agus píosa nuachta sa chuid seo. Cloisfidh tú gach giota díobh **faoi dhó**. Éist go cúramach leo. Beidh sos ann tar éis gach ceann díobh chun seans a thabhairt duit na ceisteanna a bhaineann leo a fhreagairt.

Fógra (Canúint na Mumhan)

1. Cad í an tairiscint speisialta atá ar gach tolg agus cathaoir uillinn?

_____

_____

2. Cathain a dhúnfar an siopa?

_____

_____

3. Cé díobh a bhfuil úinéirí an tsiopa buíoch?

_____

_____

Píosa nuachta (Canúint Uladh)

1. Cé mhéad airgid a bhuaigh an tsindeacáit?

_____

_____

2. (a) Cathain a díoladh an ticéad?

_____

_____

   (b) Luaigh rud amháin a dúirt urlabhraí an teaghlaigh a bhuaigh an t-airgead.

_____

_____

Cuid C

Cloisfidh tú dhá chomhrá sa chuid seo. Cloisfidh tú gach comhrá díobh faoi dhó. Cloisfidh tú an comhrá ó thosach deireadh an chéad uair. Ansin cloisfidh tú ina dhá mhír é an dara huair. Beidh sos ann tar éis gach míre díobh chun seans a thabhairt duit an cheist a bhaineann leis an mír sin a fhreagairt.

Comhrá a hAon (Canúint Chonnacht)

An chéad mhír:

1. Ainmnigh trí rud atá ar an liosta a luann Cormac.

_____

_____

An dara mír:

2. Cad a bheidh ar fáil sa choláiste, dar le Cormac?

    _____

    _____

3. Cad a deir mam le Cormac a dhéanamh leis an liosta?

    _____

    _____

Comhrá a Dó (Canúint na Mumhan)

An dara mír:

1. Cé uaidh ar chuala Bláth faoin aip nua *busuu*?

    _____

    _____

An dara mír:

2. Luaigh rud amháin a thaitníonn le Bláth faoin aip.

    _____

    _____

3. Cén deacracht a bhíonn ag Labhrás sa rang Spáinnise, dar leis féin?

    _____

    _____

Nótaí